Gelato! Gelato!

Für meine Kinder Bela und Emilia,
die Eis genauso sehr lieben wie ich! *LB*

MASSIMO & LARISSA BERTONASCO

GELATO! GELATO!

Die besten italienischen Eisrezepte

VERLAGSHAUS Jacoby & Stuart

GELATERIA

Gelato
Gelato
Gelato
Gelato
Gelato

Gelato
Gelato
Gelato
Gelato
Gelato

VIA
ROMA

Indice

Inhalt

Le ricette
Die Rezepte

Appendice
Anhang

NIPOTE & ZIO
Larissa
&
massimo

Ich widme dieses Buch meinem Vater Mario, meinen Großeltern Maria und Giacomo, meinem Bruder Aldo und meinem Onkel Ugo. Sie sind nicht mehr unter uns, aber ich trage sie in meinem Herzen, Tag für Tag. MB

Come è nato questo libro

Wie es zu diesem Buch kam

Im November 2019 war ich mit meinem fünfzehnjährigen Sohn Tommaso in Hamburg zu Besuch bei meiner Nichte Larissa. Wir hatten uns schon viel zu lange nicht mehr gesehen, – umso mehr habe ich diesem Augenblick entgegengefiebert. Für mich ist sie ein Teil meines Bruders Aldo, und wer weiß, vielleicht bin auch ich für sie ein Teil von ihrem Papa.

Bei ihr zu sein, bedeutet für mich, in eine andere Welt einzutreten, in eine Welt von Künstlern, von kreativen Menschen, die einen großen Teil ihrer Zeit damit verbringen, das was sie in ihrem Inneren tragen mit ihrer Kunst auszudrücken, nach außen zu tragen. Nachdem ich einen Großteil meines Lebens in einer völlig anderen Umgebung zugebracht habe, übt diese mir so gut wie unbekannte Welt eine große Anziehungskraft auf mich aus. Ich sehe mich um, betrachte Larissas Zeichnungen, die Gemälde ihres Mannes Ari, die Bilder von Emilia, meiner Großnichte, und von Bela, meinem Großneffen. Und ich frage mich, wie es möglich ist, dass aus unserer Familie von armen Bergbauern aus dem ligurischen Appenin solch intelligente und kreative Persönlichkeiten hervorgehen konnten. Ich weiß natürlich, dass in dieser Frage alte Geschichten und alte Vorurteile stecken.

In dieser wunderbaren Atmosphäre entspannter Fröhlichkeit – wir sitzen gerade alle am Esstisch – wende ich mich an Larissa: »Glaubst du, dass sich jemand für ein Buch über Speiseeis, über Gelato, interessieren würde?« Die Idee wird mit Enthusiasmus aufgenommen. Mein Sohn fängt an, mich mit Ideen zu bombardieren, während mir Larissa sofort zielgerichtete Fragen dazu stellt. Nur mit Mühe gelingt es mir, die unterschiedlichen Botschaften, die auf mich eindringen, zu ordnen, aber ich stelle fest, dass etwas in Bewegung geraten ist, sowohl unter den Menschen, die mich umgeben, als auch in mir selbst. Ich empfinde Freude: Wie schön, ich kann etwas Kreatives machen, zusammen mit meiner Nichte Larissa! Ich kann Teil dieser für mich so faszinierenden Welt werden! Ein wunderbares Gefühl: Familie und Kreativität. Mein Bruder schaut uns dabei von oben zu und ist sicher sehr bewegt.

So ist dieses Buch entstanden. An einem grauen Novembersonntag in Hamburg beim Frühstück …

Una brevissima storia della gelateria in Italia

Eine sehr kurze Geschichte des Eismachens in Italien

In weiten Teilen der Welt gehören zwei Worte in der kollektiven Vorstellung zusammen: Italien und Eis. Wie ist es dazu gekommen? Nun, von jeher haben die Menschen es geliebt, den Gaumen mit etwas Kaltem und Süßem zu erfrischen, um der Sommerhitze entgegenzuwirken. Es ist für uns heute kaum vorstellbar, mit welchen Schwierigkeiten unsere Vorfahren bis in die 1960er Jahre hinein konfrontiert waren, wenn sie sich diesen Wunsch erfüllen wollten.

Da dies ein sehr weitgefächertes Thema ist, werde mich nur auf ein Phänomen konzentrieren, das mein Herkunftsgebiet betrifft. Der höchste Berg in meiner Provinz im ligurischen Apennin heißt Monte Carmo, er ist 1389 Meter hoch und blickt auf das Mittelmeer. Unterhalb des Gipfels werden Sie feststellen, dass der nördliche Teil des Berges von Höhlen durchzogen ist, die von menschlicher Hand stammen. Sie haben einen Umfang von jeweils etwa 5 Metern und eine Tiefe von drei bis vier Metern Die Wände dieser Höhlen sind nach der Tradition unserer Orte mit trockenem Naturstein bedeckt. Sie wurden dazu genutzt, um Schnee darin anzuhäufen, der in diesen tiefen nach Norden ausgerichteten Höhlen fest»gehämmert« wurde. Dies Eis wurde zum Beispiel dazu genutzt, Sorbets herzustellen oder auch um Fisch für den Transport nach Mailand oder Turin darin zu lagern. Natürlich war diese Praxis sehr arbeitsintensiv und somit teuer und ausschließlich für die wohlhabenderen Klassen bestimmt. Aus heutiger Sicht keine sehr demokratische Praxis … Dieselbe Methode wurde etwa auch in Siziliem am Ätna praktiziert. Hier war der »Nivarolo« sogar ein echter Beruf. Und dank dieser Tradition war es möglich, sich während der langen und heißen italienischen Sommer zum Beispiel mit Sorbets abzukühlen.

Im Laufe der Jahrhunderte gab es immer Migrationsströme von einem Teil der Welt in einen anderen. Heute wird angenommen, dass ebenso viele Nachkommen von Italienern in der ganzen Welt verstreut leben, wie Italiener in Italien. Die Gründe für das Auswandern waren in den meisten Fällen wirtschaftlicher Natur, daher stammen die meisten Migranten auch aus den ärmsten Regionen der Halbinsel. Italienische Migranten haben sich in der Welt durch den Export von Spezialitäten ihres Herkunftslandes ausgezeichnet. So machten etwa die Neapolitaner die Pizza in der ganzen Welt bekannt, und die Venezianer und Friauler brachten die Kunst des Eismachens in die ganze Welt.

Besonders Menschen aus dem Val di Zoldo und dem Cadore sind seit Ende des 19. Jahrhunderts auf friedliche Weise in Nordeuropa »eingedrungen«. Das Leben dieser Migranten basierte auf dem Rhythmus der Jahreszeiten. Mit dem Einsetzen des Frühlings zogen sie in die Regionen Nordeuropas und kehrten am

Ende der Saison im Spätherbst in ihre Heimat zurück. Sie kamen ja oft aus kleinen Gemeinden mit starkem sozialen Zusammenhalt, aus Gemeinschaften, in denen die Menschen an eine hohe Form der Selbstverwaltung gewöhnt waren. Dies bedeutete, dass ihr Verantwortungs- und Pflichtbewusstsein ausgeprägt war.

Diese Migranten hatten ihr Land, ihre Berge, die Schönheit ihrer Landschaften verlassen – auf der Suche nach Wohlstand. Weil sie sich der Pflicht, der Arbeit und der Familie verschrieben hatten, konnten sie sich jedoch überall leicht integrieren. In Ländern wie den Niederlanden, Deutschland oder Österreich kommen die meisten Eisdielenbetreiber:innen aus diesen Gegenden.

In Holland, genauer gesagt in Deventer, kenne ich die Familie Talamini, die aus Vodo di Cadore stammt. Sie betreibt in Deventer die vielleicht größte Eisdiele Europas. Die derzeitige Kopf der Vaterfamilie ist Signor Elio, der 93 Jahre alt ist und gerne erzählt, dass sein Großvater schon in Wien Eis verkauft hat und dass Kaiserin Sissi anscheinend eine seiner treuen Kundinnen war. Es sind diese Menschen, die unter enormen Opfern ihr Land verlassen mussten, aber dann die Freude an italienischem Eis auf der ganzen Welt verbreiteten.

Gelati

Mia nonna Maria e mio nonno Giacomo

Meine Großmutter Maria und mein Großvater Giacomo

Eis ist für mich eine Familienangelegenheit. Eine Familiengeschichte. Und diese Geschichte beginnt mit meiner Großmutter Maria.

Die Mutter meiner Mamma, also meine Nonna, war die uneheliche Tochter des Großbauern im Dorf. Dorf bedeutet hier: hundert Seelen, ein Kirchlein, ein paar Bauernhöfe, sonst nichts. Natürlich hat er das Kind nicht als seine Tochter anerkannt. Um den Skandal zu verbergen, bezahlten meine Urgroßeltern die Aussteuer für dieses Mädchen, das schon Mutter geworden war, und verheirateten sie mit einem Bauern, der dreißig Kilometer entfernt wohnte. Das war in diesen Tälern zwischen den Bergen eine große Entfernung.

Die arme Frau, die ihr erstes Töchterchen in ihrem Heimatdorf zurücklassen musste, starb 1933 im Kindbett bei der Geburt ihres neunten Kindes, eines unehelichen Mädchens, das nie wiedergesehen wurde. Ihre übrigen acht Kinder stammten aus der Ehe mit dem Bergbauern.

Meine Nonna wiederum wuchs bei ihren Großeltern auf. Die Beziehung zu ihrer jungen Mutter war so gut wie abgebrochen. Das Schicksal meiner Nonna war vorherbestimmt, das typische Schiksal von Töchtern, insbesondere, wenn sie unehelich waren: Sie würde bei einem reichen Gutsbesitzer in Dienst gehen.

Die Orte, von denen hier die Rede ist, sind auf Landkarten kaum zu finden. Sie liegen auf der Nordseite des ligurischen Appenin. Diese Gegend gehörte im Laufe der Jahrhunderte wechselnden Bischöfen, Königen und Fürsten, von denen keiner jemals lange genug geblieben ist, um der Landschaft seinen Stempel aufzudrücken. Niemand von ihnen hat sich je um diese Gegend oder ihre Bewohner gekümmert. Für mich ist dies die Erklärung für die Hartnäckigkeit, die für die Menschen aus dieser Gegend bezeichnend ist. Weil sie eben schon immer allein zurechtkommen mussten. Meine Nonna verließ also gehorsam das Haus ihrer Großeltern und erwartete gefasst ihr weiteres Schicksal. Als ich Larissa davon erzählte, fragte sie mich, ob die Menschen damals wohl trotzdem glücklich gewesen seien. In dem Augenblick wurde mir bewusst, dass es in unserem dortigen Dialekt kein Wort für Glück gibt, ebensowenig wie ein Wort für Liebe.

Maria ist ein braves schweigsames Mädchen; sie spricht nur, wenn sie gefragt wird. Sie ist pflichtbewusst und lernbegierig. Eines Tages sind die Rossi, eine der reichsten Genueser Familien, bei ihrer Herrschaft zu Besuch. Sie werden auf das Mädchen aufmerksam und bitten darum, sie mit nach Genua nehmen zu dürfen. Für meine Großmutter ist das ein gewaltiger Sprung: aus Pian Soave – hundert

Seelen, über ein paar Höfe verteilt, deren Ertrag gerade einmal zum Überleben reicht – in die große Seestadt Genua. Wir befinden uns in der Mitte der 1930er Jahre, und Signor Rossi ist eine der bekanntesten Persönlichkeiten in der Stadt.

Maria verbringt hier fünf Jahre. Bald wird ihr Organisationstalent erkannt, und ihr wird die Hausverwaltung anvertraut. Doch der Liebe wegen kehrt sie ins Dorf zurück. Maria ist nun dreiundzwanzig Jahre alt, mein Großvater Giacomo sechsundzwanzig. Giacomo hatte seine Mutter schon mit drei Jahren bei der Geburt seiner jüngsten Schwester verloren. Sein Vater Costantino, ein Kleinbauer, hat ihn zu seiner Großmutter gegeben, die ihn nur mit Mühe durchbringt. Zu seinem Glück schließt ihn der Dorfpriester ins Herz. Giacomo liest gern und lernt schnell. Leider muss er die Schule nach der dritten Klasse verlassen.

Als er dreizehn ist, nimmt sein Vater ihn zu sich, denn sein Bruder Ugo ist mit achtzehn an einer Lungenentzündung gestorben, und die Arbeit auf dem Hof muss weitergehen. Und die Arme eines Dreizehnjährigen sind stark genug, um dabei zu helfen. Giacomo ist ungewöhnlich kräftig, er tanzt gut und singt schön. Maria verliebt sich in ihn. Giacomo hat eine Frau für den Hof gefunden.

Diese zwei Waisenkinder, die noch nie Liebe und Zärtlichkeit erlebt haben, heiraten 1938. Fünf Jahre später haben sie drei Kinder: Clelia, geboren 1939, Ugo, geboren 1941, und meine Mamma Mariangela, die im Juni 1943 zur Welt kommt. In diesen Jahren verlieren sie alles. Der Vater, Costantino, stirbt unter schrecklichen Schmerzen zu Hause an Krebs. Maria versorgt ihn bis zum letzten Augenblick. Schon bald nach seinem Tod haben die Gläubiger den Stall geleert. Giacomo und Maria mit ihrer Neugeborenen besitzen kein einziges Tier mehr. Ohne Tiere kein Geld. Und dann kommt der Krieg. Giacomo wird an die französische Front einberufen, glücklicherweise nur für kurze Zeit. Einen Monat nach der Geburt meiner Mutter, im Juli 1943, geht ein schwerer Hagelschauer über dem Dorf nieder und vernichtet alle Weinstöcke. Das könnte der Vernichtungsschlag gewesen sein, doch meine Großeltern geben sich nicht geschlagen. Keinen Augenblick lang verzweifeln sie oder stellen alles in Frage. Sie machen einfach weiter.

Das Leben ist hart, sehr hart. Es sind große Opfer zu bringen, aber auch ihr Wille zu arbeiten ist groß. Natürlich weiß ich davon nur durch ihre Erzählungen, durch meinen Onkel Ugo, meine Mutter und andere Verwandte. Die Sorge für das Vieh, der allmähliche Wiederaufbau des Tierbestands, die Aussaat, das Beschneiden der Weinstöcke, die Getreideernte, das Dreschen, die Weinlese, die Weinproduktion, die Kastanienernte – und so weiter. An den langen Winterabenden stricken die Frauen Strümpfe, während die Männer Holz hacken und sich um das Vieh kümmern sowie um das Buttern und Käsemachen. An diesen Orten und durch diese Lebensweise habe ich die ersten Lektionen meiner menschlichen Bildung erhalten und arbeiten gelernt.

Meine Großeltern hatten immer den Ehrgeiz, die Felder und das Vieh in Ordnung zu halten und Qualitätsprodukte herzustellen. Nie haben sie bei Schwierigkeiten aufgegeben. Mich haben sie gelehrt, dass Schwierigkeiten die Norm und dazu da sind, angegangen und überwunden zu werden. Wenn die Kinder zur Schule gingen, hatten sie ein Holzscheit für den Ofen im Klassenzimmer dabei. Erst 1953 gab es Elektrizität – ein großes Ereignis für den Ort.

In der Familie beginnt man in die Zukunft zu blicken.

Mio zio Ugo
Mein Onkel Ugo

Eine der eindrucksvollsten Geschichten über die Kindheit von Onkel Ugo spielt im Herbst 1952. Ugo ist gerade einmal elf Jahre alt. Trotz seiner lebhaften und durchdringenden Intelligenz, trotz aller Einwände meiner Nonna gibt es für meinen Nonno Giacomo kein Vertun: Sein Sohn Ugo kann nicht länger zur Schule gehen. Der Hof braucht die kräftigen Arme eines männlichen Wesens. Für ihn ist die Zukunft des elfjährigen Kindes vorgezeichnet. Nichts Ungewöhnliches in dieser Gegend.

Es ist ein Oktobernachmittag. Den ganzen Tag hat Ugo im Wald zugebracht und in der Kälte auf Knien Kastanien gesammelt. Der letzte Teil des Heimwegs ist eine lange steile Steigung. Und hier, in diesem Moment, gelobt Ugo sich selbst: Ich möchte nicht mein ganzes Leben so verbringen. Er hat natürlich keine Vorstellung davon, welche Alternativen es gibt. Und doch denkt er: Ich möchte ein Auto fahren und eine Krawatte tragen.

Ich habe immer Hochachtung für meinen Onkel Ugo empfunden, weil er so beharrlich daran gearbeitet hat, sein Gelöbnis einzulösen. Den einsamen Gedanken eines Elfjährigen. Diese fixe Idee. Jeden Tag nur dieser eine Gedanke: weg von hier. Der erste Schritt konnte nur darin bestehen, wegzulaufen, entweder nach Norden, nach Piemont, oder nach Süden, ans Meer. Bis zum Alter von fünfzehn Jahren nahm dieser Traum immer weiter Gestalt an, und als eines Tages der Sohn eines Halbpächters aus dem Dorf ihm vorschlug, sie könnten doch unten an der Riviera die Erde um die Olivenbäume aufhacken, schlug er ein.

ITALIEN

Es ist Januar 1957. Maria weiß von seinem Projekt. Aber niemand wagt, Giacomo davon zu berichten. Sein einziger männlicher Nachkomme ist dabei, heimlich das Haus zu verlassen, ihn zu verlassen. Erst heute begreife ich, wie mutig es von meiner Nonna war, ihren Sohn zu unterstützen und dabei zwischen seinen Ambitionen und den Erwartungen meines Großvaters abzuwägen.

Ugo gelangt nach Tosse, einem kleinen Dorf auf den Hügeln an der Küste. Er fällt auf durch seine Arbeitswilligkeit, seine sympathische Erscheinung und seine Höflichkeit. Schnell lernt er den örtlichen Dialekt. Ihm erscheint das Leben hier unten wie Ferien: Sonne, schönes Wetter. Doch dann schneit es im Dorf. Mehr als drei Kilometer Straße sind unbefahrbar geworden, obwohl es an der Riviera fast nie schneit, vielleicht nur alle zehn, fünfzehn Jahre, und der Schnee dann meist schnell taut. Während also nachts der Schnee fällt, machen sich die Jungen, um etwas Geld zu verdienen nützlich, indem sie mit einem von Ochsen gezogenen Schneepflug die Straße frei räumen. Zum ersten Mal in seinem Leben hat mein Onkel etwas Geld. Nichts davon gibt er aus. In seiner Familie hat er die eiserne Lektion gelernt: sparen, Opfer bringen, durchhalten.

Dank der Vermittlung meiner Nonna kann Ugo ins Dorf zurückkehren und meinem Großvater auf den Feldern helfen. Aber jetzt weiß Ugo, wo er hinwill. Er hat das Leben an der Riviera kennengelernt. Dort sind Touristen, und überall werden Häuser gebaut. Er ist bereit, Tag und Nacht zu arbeiten.

Für meinen Nonno beginnt unterdessen der traurige Prozess, den Hof nach und nach aufzugeben. Auch die Töchter gehen im nächsten Jahr fort, um unter den Olivenbäumen zu arbeiten. 1960 muss Ugo für achtzehn Monate zum Militär. Er wird nach Südtirol geschickt, zur schweren Gebirgsartillerie. Eine bleierne Zeit, die große Zeit der sogenannten »Bumser«, die mit Bombenterror die Unabhängigkeit Südtirols von Italien durchsetzen wollen. Junge Männer aus ganz Italien müssen dort Militärdienst leisten, um einen Landstrich zu verteidigen, der ihnen nicht viel bedeutet.

Meine Nonna Maria hatte verstanden, dass die jungen Leute nicht mehr auf dem Land leben wollen. Giacomo war ein großer Arbeiter, ein Genie der Arbeit, aber er glaubte nicht an Fortschritt und Technik, wollte nicht in Maschinen oder Traktoren investieren. Das einzige Mal, dass ich ihn haben weinen sehen, war, als er mir davon berichtete, wie er die Stalltore hinter sich schließen musste. Für ihn war da eine Welt zusammengebrochen; meine Großmutter aber hatte fünf Jahre in Genua gelebt, kannte also auch die andere Seite der Medaille.

LATTERIA GELATERIA
LATTERIA

La latteria
Die Milchhandlung

Ich habe Jahre gebraucht, um zu begreifen, wie mutig meine Nonna war und wie wichtig diese ihre Haltung für meine Erziehung war. Für sie war es kein Problem, mit siebenundvierzig Jahren das Dorf zu verlassen und einen Kredit von fünfhunderttausend Lire aufzunehmen, was damals sehr viel war. Aber einfach war es nicht. Vierundzwanzig Kilometer weiter unten, die Stadt Cairo Montenotte. Mein Onkel beendet seinen Wehrdienst, meine Tante Clelia hat Andrea geheiratet, einen hübschen Jungen aus Tosse bei Noli. Sie haben schon eine Tochter, Marina. Andrea ist Fabrikarbeiter; er hat eine feste Stellung bei Fiat. Eine große Sache für diese Menschen.

Meine Mamma, die Jüngste und Rebellischste der Familie, arbeitet während der Saison in Hotels und im Winter auf dem Land, wo sie bei der Olivenernte hilft und dann die Erde auflockert. Mit den Ersparnissen und dem Kredit machen sie zusammen die Milchhandlung auf. Die Bauern bringen die Milch, und meine Mutter füllt sie in Flaschen für die Haushalte des Viertels. Sie verkauft auch Eier, Zucker und Bonbons. Der Anfang ist wie immer schwer. Auch die Wirtschaftskrise dieser Jahre macht sich bemerkbar. Es ist nicht viel Geld im Umlauf, und die Leute geben nur wenig aus.

Ugo abeitet zunächst auch als Vertreter, um seine Einkünfte zu verbessern. Morgens um Fünf macht er sich auf den Weg: Er bringt süßes Gebäck zur Riviera. Er verkauft gut, weil er fleißig und extrovertiert ist; er hat für jeden ein Wort übrig. Und da er ein großartiges Gedächtnis hat, merkt er sich die Namen, Telefonnummern und persönlichen Geschichten seiner Kunden und erwirbt sich dadurch das Wohlwollen aller. Gegen drei Uhr nachmittags ist er zurück und beginnt in der Milchhandlung zu arbeiten, wo meine Nonna den Morgen verbracht hat. Wenn mein Onkel mir von dieser Zeit erzählte, hatte er immer ein Lächeln auf den Lippen. Es war eine Zeit voller Optimismus und Hoffnung. Er hat bereits seine zwei Ziele erreicht: Er fährt ein Auto und trägt eine Krawatte. Beides hat er bis ans Ende seines Arbeitslebens getan.

Mein Großvater arbeitet als Hilfsarbeiter hier und da in Piemont. Zum ersten Mal in seinem Leben kann er etwas Geld sparen. Er arbeitet durchschnittlich zwölf Stunden am Tag. Zwei freie Tage im Monat, um nach Hause zu meiner Großmutter und meinem Onkel zu fahren. Alle Ersparnisse werden in das Geschäft gesteckt. Das Ladenlokal wird größer und fungiert jetzt auch als Bar. Meine Nonna und mein Onkel schaffen eine angenehme Atmosphäre, und die Jugendlichen kommen gern, denn sie sehen in meiner Nonna eine freundliche mütterliche Person und in meinem Onkel einen sympathischen großen Bruder. Ugo wird allmählich zu einer in ganz Cairo und Umgebung bekannten und beliebten Person.

La gelateria di zio Ugo

Onkel Ugos Gelateria

In dieser Zeit – wir sind jetzt in der Mitte der sechziger Jahre angekommen – macht mein Onkel den nächsten großen Schritt. Er kauft eine neue(!) Carpigiani-Eismaschine. Wie kühn! Er und meine Nonna sehen damals gerade Licht am Ende des Schuldentunnels.

Mein Onkel hatte sich überlegt, dass er ein ganz besonderes Eis anbieten kann, wenn er dafür auf die Qualitätsprodukte der Milchhandlung zurückgreift. Wir müssen uns auch vor Augen halten, dass es damals noch wenige Eisdielen und wenig Kenntnisse über die Herstellung von Speiseeis gab. Nur eine Handvoll Pioniere hatte gerade begonnen, Speiseeis unter wissenschaftlichen Gesichtspunkten zu untersuchen. Und die wenigen wirklich guten Hersteller hüteten ihr Geheimnis eifersüchtig wie eine wertvolle Perle.

Onkel Ugos erste Geschmacksrichtung war Crema, Sahneeis. Diese Geschmacksrichtung ist besonders schwer herzustellen, obgleich es so einfach zu sein scheint. Die Milch muss von allerbester Qualität sein, die Sahne ganz frisch direkt vom Bauern ebenso die Eier. Mein Onkel kannte natürlich die Bauern seiner Umgebung, wusste wie sie arbeiteten und was sie ihren Tieren zu fressen gaben. Ausgehend von diesen einfachen Grundstoffen, begann Ugo nach den besten Zutaten zu suchen. Auch die Vanille musste einzigartig sein. Durch die Vermittlung eines nach Frankreich ausgewanderten Onkels entdeckte er eine Vanille, die von der Insel Réunion kommt. Sie gilt noch heute als die beste.

Bei Fahrten an die Riviera kaufte er wiederum die besten und frischesten Zitronen ein. Und mit ihren wertvollen Schalen bereitete er den Zitronenzucker zu, der sein Sahneeis berühmt machen würde. Und mit dem Saft dieser Zitronen von der Riviera, der eine ganz spezielle trockene Säure hat, bereitete er ein spektakuläres Zitronensorbet mit Eischnee zu …

Wir kommen ja aus einer Haselnussgegend und verstehen deshalb etwas davon. Mein Onkel gab sich daher nicht einmal mit den besten Nusspasten zufrieden, die auf dem Markt zu kaufen waren. Stattdessen begab er sich in die Herstellerfirma und überwachte die Röstung der Nüsse. Kostete und kostete so lange, bis der genau richtige Moment gekommen war, um die Paste zur Herstellung seines Haselnusseis zu nutzen. Ugos Haselnusseis ist bis heute legendär!

An dieser Stelle setzen auch meine frühesten Erinnerungen ein: Menschengewirr – alle rufen nach Ugo. Ich verehrte meinen Onkel wegen seiner Jugendlichkeit, seines sympathischen Auftretens und vor allem seiner Großzügigkeit. Und dann machte er Eis … einen Onkel zu haben, der gleichbedeutend mit Eis ist – einfach traumhaft. Wie es das Schicksal so wollte, war ich oft bei meiner Nonna und meinem Onkel. Hinter dem Laden befand sich die Küche, dort bereitete meine Großmutter das Essen für die Kundschaft zu. Diese Welt, in der wenig gesprochen und hart gearbeitet wurde, gefiel mir – und mir schmeckte das Eis! Ich liebte die ganze Atmosphäre, die stille Heiterkeit. Meine Verwandten arbeiteten hart, sehr hart sogar, sieben Tage in der Woche, niemals Urlaub. Nur Mittwochs machten sie zu – um zu putzen. Und mein Onkel reiste weiter als Vertreter für süßes Gebäck an der Riviera. Seine Tage begannen um fünf Uhr morgens und endeten um Mitternacht. Ein beeindruckender Rhythmus, der in unserer ganzen Familie der Normalfall ist. Und wer in unserer Familie die Großeltern und Onkel Ugo sehen wollte, musste nach Cairo in die Gelateria gehen – sie wurde so zum Treffpunkt für die ganze Familie. Und für uns Familienangehörige gab es Eis umsonst. Vielleicht hatten mein Onkel und meine Nonna eine Schwäche für mich, andersherum war es gewiss so. Außerdem war ich verrückt nach Eis. Vor allem Schokoladeneis. Auch hierbei begnügte sich mein Onkel nicht mit dem, was zu haben war. Nein, auch das Schokoladeneis musste perfekt sein, deshalb bezog er ein Kakaopulver aus Holland mit einem seltsamen Namen – dieser Name »Droste« wurde für mich zum Zauberwort.

Ich möchte noch etwas Wichtiges zur Gelateria meines Onkels erwähnen: Er hat tatsächlich nie Pistazieneis hergestellt, obwohl es damals gerade große Mode war. Aber ihm schmeckte es nicht. Und er wollte nichts zubereiten, das ihm persönlich nicht schmeckte. Auch das eine Eigenart von Ugo.

Und: Immer mit Krawatte,
auch bei der Eisherstellung.

Gelato!

MASSIMO
GELATO

Massimo Gelato: Un sogno si è avverato

Ein Traum wurde wahr

Ich bin Massimo, der Sohn von Mariangela, Ugos kleiner Schwester, und von Mario. Ich bin 1965 in Rom geboren. Meine Mutter ist damals gerade einmal zweiundzwanzig Jahre alt, mein Vater ist hingegen viel älter, er wird in wenigen Monaten fünfzig sein. Er ist noch verheiratet, in einem Land, in dem es kein Scheidungsrecht gibt. Sie sind beide nach Rom geflohen, was seinerzeit ganz weit fort war. Für meine Mamma ist es ein gewaltiger Sprung von einem Dörfchen mit einhundert Einwohnern in die brodelnde Großstadt, in das Rom der sechziger Jahre. Für meine Großeltern ist das ein Skandal, ein Irrsinn. Etwas, mit dem sie emotional nicht fertigwerden. Mein Großvater tobt; meine Mutter wird praktisch aus der Familie ausgeschlossen. Meine Nonna jedoch begann sogleich, mit der ihr eigenen weisen Geduld und Diskretion, auf einen Frieden hinzuarbeiten: Die beiden haben ein Kind. Wir müssen die Situation im Auge behalten. Werden diese beiden Irren zusammenbleiben? Was soll aus dem Kind werden?

Natürlich habe ich keine Erinnerungen an Rom, weil wir von dort fortgezogen sind, als ich zwei Jahre alt war. Und zwar, weil mein Vater sich nach seinem Land, nach Ligurien, sehnte. Dort also wachse ich nun auf, dort gehe ich zur Schule, in einem Ort mit nicht einmal fünftausend Einwohnern namens Ceriale. Keine fünfzig Meter von der Schule entfernt ist das Meer. Permanenter Meeresdunst. Meine Eltern müssen arbeiten, sehr viel. Ich werde unterdessen an verschiedenen Orten geparkt: im Pfarrhaus, bei den Großeltern. Mein Nonno Giacomo, zu dem ich später eine schöne und intensive Beziehung haben werde, will mich zunächst gar nicht sehen. Die geduldige Überzeugungsarbeit meiner Nonna Maria bewirkt aber, dass ich mit sieben Jahren meinen Großvater zum ersten Mal treffe. Liebe auf den ersten Blick. Mein Großvater ist ein unzugänglicher, verschlossener Mensch. Mir gelingt es ein wenig, in seine Welt einzutreten, die von vielen Interessen geprägt ist, von Geografie über Geschichte bis hin zur Astronomie. Ein Mann von großem bäuerlichen Wissen, die Hände ruiniert von der Arbeit, schwielig und deformiert. Diese Hände machen einen großen Eindruck auf mich. Mein Großvater wird mich die Liebe zur Arbeit und zur Disziplin lehren. Erst die Arbeit, dann das Vergnügen. Was du heute kannst besorgen, das verschiebe nicht auf morgen. Fang immer mit dem Mühsamsten an.

Mein Großvater bedeutet für mich: interessante Geschichten von einem starken Mann. Die Großeltern bedeuten: Gelateria. Das Tischgespräch kreist um Eis, um die Zutaten, die Herstellung, die Rezepte, und was noch zu verbessern ist. Und nun habe ich meinen Traum in den letzten drei Jahren wahr gemacht. Ich habe, inzwischen fünfzig Jahre alt, in Amsterdam meine erste Eisdiele *Massimo*

Gelato eröffnet, inzwischen sind drei weitere Eisdielen gefolgt. Ich staune selbst noch immer darüber, bin dankbar und ungläubig, dass dies wirklich gelungen zu sein scheint. Es ging und geht mir darum, meine große Liebe zum Gelato mit anderen zu teilen. Schon immer habe ich davon geträumt, etwas Neues von Null zu beginnen, wie meine Gelaterien. Schon immer habe ich davon geträumt, ein Buch zu schreiben. Nun halte ich es in Händen.

Liebe Leser:innen, ich wünsche Ihnen viel Freude an diesem Buch und gelungene Eiskreationen.

Buon appetito wünscht Massimo Bertonasco!

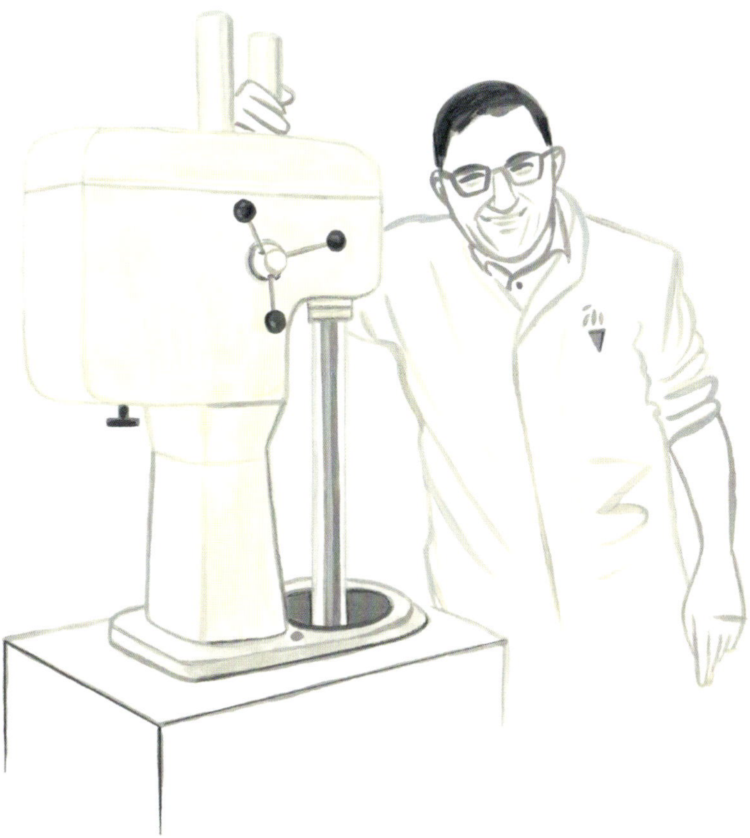

PASSION
PISTACHIO
HAZELNUT
Fior di latte
YOGURT

• MILK CHOCOLATE
• TIRAMISÙ
• Coffee
& SALT

Massimo

Fare il gelato in casa
Die häusliche Zubereitung

Die drei Gebote für die Eiszubereitung

- Verwenden Sie nur hochwertige und allerfrischeste Zutaten, denn es ist schlicht nicht möglich, ein großartiges Produkt aus minderwertigen Inhaltsstoffen zu erhalten.
- Beachten Sie die Zubereitungsschritte sorgfältig und arbeiten Sie ohne Eile.
- Servieren Sie das Eis, sobald es fertig ist. Wenn dies nicht möglich ist, bewahren Sie das Eis immer hermetisch verschlossen im Gefrierschrank auf, aber bitte nicht länger als zwei Wochen bis einen Monat.

Für meine Eisdielen wähle ich jede Zutat mit größter Sorgfalt aus.
Die **Milch** beziehungsweise **Sahne** oder der **Joghurt** stammen von einem zertifizierten Bio-Bauernhof in der Nähe von Amsterdam, auf dem Kühe einzigartiger Rassen gezüchtet werden, die den Sommer im Freien verbringen. Auch die **Eier**, die wir verwenden, stammen von einem Bio-Bauernhof.
Unsere **Bio-Zitronen** bekomme ich direkt aus Italien. Im Frühling aus meinem geliebten Ligurien, im Sommer von der Halbinsel Sorrent und im Herbst die köstlichen grünen aus Sizilien.
Ich benutze nur sizilianische **Pistazien**, die ich direkt aus der Gegend um Bronte bekomme.
Die **Haselnüsse** stammen ausschließlich aus der Langhe, aus der die piemontesische dreilappige Haselnuss stammt.
Die **Mandeln** wiederum kommen aus der Gegend um Avola in Sizilien.
Beim **Kaffee** folge ich der italienischen Tradition und verwende 100% Bio-Arabica aus Bergkulturen in Südamerika oberhalb von 900 Metern. Die Bohnen werden dort von Hand getrocknet und langsam geröstet.

Was Sie für die häusliche Eiszubereitung brauchen

Die gute Nachricht ist, dass die Zubereitung von italienischem Eis zu Hause sehr einfach ist. Das Wichtigste ist, eine Eismaschine zu haben. Mit einer Investition von um die 60 Euro können Sie bereits eine gute Eismaschine kaufen. Ja, natürlich lässt sich Eis zuhause auch ohne Eismaschine machen, aber mit der Eismaschine geht es soviel einfacher und schneller und im Allgemeinen ist das Ergebnis auch besser.

Sie brauchen:

- eine **Kunststoff**- oder **Metallschale**
- eine (digitale) **Waage**, die auch 1 Gramm misst
- ein **Küchenthermometer**
- einen weichen **Spatel**
- einen **Schneebesen**
- einen **Stab**- oder **Standmixer**
- einen **Eisportionierer**
- eine **Eismaschine** für den Heimgebrauch

Zutaten, die für das Eismachen fast essentiell sind, habe ich nachfolgend aufgelistet

- **Dextrose**, auch **Traubenzucker** oder **Glukose** genannt, ist der wichtigste Einfachzucker im Kohlenhydratstoffwechsel und von zentraler Bedeutung für den Energiehaushalt des Körpers. Dextrose ist die Hauptenergiequelle für das Gehirn und die Muskeln.
- **Inulin** ist ein gesunder pflanzlicher Ballaststoff; die Stärke gehört zu den Präbiotika und kommt in Hülsenfrüchten, in Weizen, Chicorée, Artischocken, Schwarzwurzeln, Lauchgewächsen oder Spargel vor
- **Johannisbrotkernpulver**, auch **Carobpulver** genannt, wird aus dem Fruchtfleisch der Johannisbrotbaumfrucht gewonnen. Es ähnelt durch sein fruchtig-karamelliges Aroma dem Kakaopulver, ist aber weniger bitter und frei von anregenden Substanzen wie etwa Koffein. Es ist ein natürliches Gelier- und Verdickungsmittel, das für alle laktosehaltigen (also milchzuckerhaltigen) Eissorten genutzt wird, da es für eine gute Konsistenz sorgt. Wird das Eis aber schnell verköstigt, kann es auch weggelassen werden
- **Kristallzucker**, auch Haushaltszucker oder einfach **Zucker** genannt, wird aus Rüben gewonnen. Der sogenannte **Braune Zucker** wiederum wird aus Zuckerrohr gewonnen
- **Magermilchpulver** wird durch die Trocknung von Magermilch hergestellt. Es erhöht die Viskosität der Eismasse und vermindert die Ausbildung von Eiskristallen
- **Tarakernmehl** wird aus dem Samen des in Ecuador und Peru beheimateten Tarastrauchs gewonnen. Es ist ein natürliches Gelier- und Verdickungsmittel, das für alle laktosefreien (also milchzuckerfreien) Eissorten genutzt wird, da es für eine gute Konsistenz sorgt. Wird das Eis aber schnell verköstigt, kann es auch weggelassen werden

Meine Empfehlungen passender Begleiter:innen zu Gelato und Sorbets

- Geben Sie eine Eiskugel einfach mal in eine frische **Brioche** oder in ein knuspriges **Croissant** oder auf eine knackige **Hippe** – schmeckt köstlich
- Oder reichen Sie frische gebackene, also relativ weiche, **Cantuccini** oder anderes **Gebäck** zum Eis
- Nicht zu vergessen natürlich: Gelato schmeckt hervorragend zu einer köstlichen Scheibe frischem mailändischem **Panettone**
- Oder geben Sie eine Eiskugel in eine Tasse starken **Arabica-Kaffee**, sei er heiß oder kalt
- Wunderbar passt leckeres Gelato natürlich im Winter in eine **heiße Schokolade**
- Selbstverständlich ist Gelato ideal in **Milchshakes** jeder Art
- Und Gelato ist stets ein wunderbarer Begleiter frisch gebackenen **Kuchens** oder auf einer **Crêpe** oder in einem **Pfannkuchen**

Weitere klassische Begleiter:innen

- Amarenakirschen in Sirup
- Frisches Obst der Saison
- Gebrannte Mandeln
- Hauchdünne Schokoladentäfelchen oder -schalen
- Italienische Feigenkonfitüre mit Kakao und Zimt
- Italienische süße Orangenkonfitüre
- Kalte oder heiße Karamellsauce
- Kandierte Früchte
- Kandierte Ingwerstückchen
- Krokant
- Nüsse aller Art
- Orangenfilets (besonders gut zu Schokoladeneis)
- Rosinen in Grappa oder Rum eingelegt
- Rumtrauben
- Sirup – zum Beispiel Zitronen-, Orangen-, Mandel-, Himbeer-, Kirsch-, Granatapfelsirup
- Waffelhörnchen

Sie merken schon, Ihrer Fantasie sind keine Grenzen gesetzt. Probieren Sie es einfach aus.

latte

Gelato al latte
Milcheis

Fior di latte

Milchcremeeis

Dieses typische Rezept wird vom kritischen italienischen Verbraucher häufig als Erstes gekostet, um sich einen Eindruck von der Qualität der Produkte im Allgemeinen zu verschaffen, wenn die Eisdiele nicht bekannt ist. Dies geschieht, um die Qualität der Milch zu »charakterisieren«. Es ist daher unbedingt erforderlich, mit diesem scheinbar einfachen Eis keine Fehler zu machen. Es sollte cremig-samtig sein, und das Milcharoma muss den Duft dominieren.

Ergibt 500 g bzw. 4 Portionen

100 g Sahne (mind. 35% Fett, vorzugsweise Bio)
60 g Kristallzucker
30 g Traubenzucker (Dextrose)
290 ml Vollmilch (mind. 3,5% Fett, vorzugsweise Bio)
1 g Johannisbrotkern- oder Carobpulver
20 g Magermilchpulver

- Geben Sie die Sahne, den Kristall- sowie den Traubenzucker in eine Schüssel. Schlagen Sie die Masse mit einem Handrührgerät etwa 2 Min., bis die Textur von Schlagsahne erreicht ist.
- Geben Sie die Milch in einen Topf und fügen Sie die Sahnemasse hinzu. Verrühren Sie die beiden Zutaten vorsichtig und langsam mit einem Silikonspatel, dabei auch das Johannisbrotkern- oder Carobpulver sowie das Magermilchpulver unterrühren.
- Den Topf nun auf dem Herd auf 85 °C erhitzen. Ist die Temperatur erreicht, sofort von der Platte ziehen und auf Raumtemperatur abkühlen lassen.
- Die Masse in die Eismaschine geben, und die Maschine einschalten. Das Eis ist servierfertig, wenn es »trocken« wirkt, also nicht mehr nass oder feucht aussieht. Das dauert etwa 40–50 Min. Schaben Sie das Eis mit einem flexiblen Spatel aus der Maschine, und servieren Sie es entweder sofort oder frieren Sie es in einer Gefrierbox mit Deckel ein.

Vaniglia
Vanilleeis

Tatsächlich ist Vanilleeis mit großem Abstand die beliebteste Eissorte in Deutschland. Und das Eis – nach diesem Rezept zubereitet – schmeckt so, wie es schon bei meinem Onkel Ugo geschmeckt hat: delizioso!

Ergibt 500 g bzw. 4 Portionen

70 g Sahne (mind. 35% Fett, vorzugsweise Bio)
30 g Kristallzucker
50 g Traubenzucker (Dextrose)
1 Vanilleschote (vorzugsweise Bio-Vanille aus Réunion o. Madagaskar)
275 ml Vollmilch (mind. 3,5% Fett, vorzugsweise Bio)
2 Eigelb (vorzugsweise Bio-Eier, Größe M)
1 g Johannisbrotkern- oder Carobpulver
20 g Magermilchpulver

- Geben Sie die Sahne, den Kristall- sowie den Traubenzucker in eine Schüssel. Schlagen Sie die Masse mit einem Handrührgerät etwa 2 Min., bis die Textur von Schlagsahne erreicht ist.
- Die Vanilleschote aufschlitzen und auskratzen.
- Geben Sie die Milch mit den Eigelb in einen Topf und fügen Sie die Sahnemasse hinzu. Verrühren Sie die beiden Zutaten vorsichtig und langsam mit einem Silikonspatel, dabei auch das Johannisbrotkern- oder Carobpulver sowie das Magermilchpulver und die Vanillesamen unterrühren.
- Den Topf nun auf dem Herd auf 85 °C erhitzen. Ist die Temperatur erreicht, sofort von der Platte ziehen und auf Raumtemperatur abkühlen lassen.
- Die Masse in die Eismaschine geben, und die Maschine einschalten. Das Eis ist servierfertig, wenn es »trocken« wirkt, also nicht mehr nass oder feucht aussieht. Das dauert etwa 40–50 Min. Schaben Sie das Eis mit einem flexiblen Spatel aus der Maschine, und servieren Sie es entweder sofort oder frieren Sie es in einer Gefrierbox mit Deckel ein.

Cannella

Zimteis

Zimt wird aus der getrockneten Rinde von Zimtbäumen gewonnen und soll schon vor zweitausend Jahren in China und Indien verwandt worden sein. Zimt hat ein kräftigwarmes zartsüßes Aroma und gilt als sehr gesund. Unter anderem fördert Zimt auch die Freisetzung von Serotonin, das uns bekanntermaßen gelassener und zufrieden werden lässt. Für viele Menschen gehört Zimt besonders in die Weihnachtszeit, und deshalb schmeckt dieses Eiscreme eben nicht nur im Sommer, sondern besonders gut im Winter.

Ergibt etwa 500 g bzw. 4 Portionen

100 g Sahne (mind. 35% Fett, vorzugsweise Bio)
7 g gutes Zimtpulver
60 g Kristallzucker
30 g Traubenzucker (Dextrose)
290 ml Vollmilch (mind. 3,5% Fett, vorzugsweise Bio)
1 g Johannisbrotkern- oder Carobpulver
20 g Magermilchpulver

- Geben Sie die Sahne, das Zimtpulver, den Kristall- sowie den Traubenzucker in eine Schüssel. Schlagen Sie die Masse mit einem Handrührgerät etwa 2 Min., bis die Textur von Schlagsahne erreicht ist.
- Geben Sie die Milch in einen Topf und fügen Sie die Sahnemasse hinzu. Verrühren Sie die beiden Zutaten vorsichtig und langsam mit einem Silikonspatel, dabei auch das Johannisbrotkern- oder Carobpulver sowie das Magermilchpulver unterrühren.
- Den Topf nun auf dem Herd auf 92 °C erhitzen. Ist die Temperatur erreicht, sofort von der Platte ziehen und auf Raumtemperatur abkühlen lassen.
- Die Masse in die Eismaschine geben, und die Maschine einschalten. Das Eis ist servierfertig, wenn es »trocken« wirkt, also nicht mehr nass oder feucht aussieht. Das dauert etwa 40–50 Min. Schaben Sie das Eis mit einem flexiblen Spatel aus der Maschine, und servieren Sie es entweder sofort oder frieren Sie es in einer Gefrierbox mit Deckel ein.

Cardamomo

Kardamomeis

Kardamom gehört neben Safran und Vanille zu den seltensten und kostbarsten Gewürzen der Welt, daher ist es auch relativ teuer. Kardamomsamen geben den Speisen ein süßliches würzigscharfes Aroma, das sich schwer beschreiben lässt, aber in unseren Breitengraden, wie etwa Zimt, eher in der Weihnachtsbäckerei oder im Kaffee zum Einsatz kommt. Lassen Sie sich von diesem köstlichen Eis überraschen.

Ergibt etwa 500 g bzw. 4 Portionen

100 g Sahne (mind. 35% Fett, vorzugsweise Bio)
7 g gutes Kardamompulver
60 g Kristallzucker
30 g Traubenzucker (Dextrose)
290 ml Vollmilch (mind. 3,5% Fett, vorzugsweise Bio)
1 g Johannisbrotkern- oder Carobpulver
20 g Magermilchpulver

- Geben Sie die Sahne, das Kardamompulver, den Kristall- sowie den Traubenzucker in eine Schüssel. Schlagen Sie die Masse mit einem Handrührgerät etwa 2 Min., bis die Textur von Schlagsahne erreicht ist.
- Geben Sie die Milch in einen Topf und fügen Sie die Sahnemasse hinzu. Verrühren Sie die beiden Zutaten vorsichtig und langsam mit einem Silikonspatel, dabei auch das Johannisbrotkern- oder Carobpulver sowie das Magermilchpulver unterrühren.
- Den Topf nun auf dem Herd auf 92 °C erhitzen. Ist die Temperatur erreicht, sofort von der Platte ziehen und auf Raumtemperatur abkühlen lassen.
- Die Masse in die Eismaschine geben, und die Maschine einschalten. Das Eis ist servierfertig, wenn es »trocken« wirkt, also nicht mehr nass oder feucht aussieht. Das dauert etwa 40–50 Min. Schaben Sie das Eis mit einem flexiblen Spatel aus der Maschine, und servieren Sie es entweder sofort oder frieren Sie es in einer Gefrierbox mit Deckel ein.

Crema

Sahneeis

Die italienischste aller Eissorten! Crema, also Sahne, ist eine Säule unserer Gebäcktradition ... als italienisches Kind gibt es keinen Geburtstag ohne eine Torte mit Früchten und Crema pasticcera; es gibt keinen italienischen Sommer ohne das köstliche Cono crema e cioccolato während der langen Schulferien. Crema, das Sahneeis, ist raffiniert und zart, aber dennoch dominant, frisch und pikant. Und es ist ein fantastischer Teamplayer: perfekt neben einer Scheibe Apfelstrudel oder einer Brioche oder versunken in einer Tasse Kaffee. Kann es Besseres geben?

Ergibt etwa 500 g bzw. 4 Portionen

80 g Sahne (mind. 35% Fett, vorzugsweise Bio)
50 g Eigelb (3–4 Eigelb, Größe M, vorzugsweise Bio)
2 g frisch abgeriebene Zitronenschale (etwa ½ TL)
55 g Kristallzucker
40 g Traubenzucker (Dextrose)
255 ml Vollmilch (mind. 3,5% Fett, vorzugsweise Bio)
1 g Johannisbrotkern- oder Carobpulver
20 g Magermilchpulver

- Geben Sie die Sahne, Eigelb, Zitronenabrieb, den Kristall- sowie den Traubenzucker in eine Schüssel. Schlagen Sie die Masse mit einem Handrührgerät etwa 2 Min., bis die Textur von Schlagsahne erreicht ist.
- Geben Sie die Milch in einen Topf und fügen Sie die Sahnemasse hinzu. Verrühren Sie die beiden Zutaten vorsichtig und langsam mit einem Silikonspatel, dabei auch das Johannisbrotkern- oder Carobpulver und das Magermilchpulver sowie die abgeriebene Zitronenschale unterrühren.
- Den Topf nun auf dem Herd auf 70 °C erhitzen. Ist die Temperatur erreicht, sofort von der Platte ziehen und auf Raumtemperatur abkühlen lassen.
- Die Masse in die Eismaschine geben, und die Maschine einschalten. Das Eis ist servierfertig, wenn es »trocken« wirkt, also nicht mehr nass oder feucht aussieht. Das dauert etwa 40–50 Min. Schaben Sie das Eis mit einem flexiblem Spatel aus der Maschine, und servieren Sie es entweder sofort oder frieren Sie es in einer Gefrierbox mit Deckel ein.

Tiramisù

Tiramisueis

Unser Gelato al tiramisù wird mit einem köstlichen mittelstark gerösteten Arabica-Kaffee hergestellt, der aus Südamerika stammt. Diese Eiskreation bildet eine großartige Möglichkeit, Ihr Abendessen mit Freunden oder ein romantisches Date zu krönen.

Ergibt etwa 500 g bzw. 4 Portionen

20 g Eigelb (1 Eigelb, Größe L, vorzugsweise Bio)
90 g Mascarpone
45 g Kristallzucker
50 g Traubenzucker (Dextrose)
250 ml Vollmilch (mind. 3,5% Fett, vorzugsweise Bio)
25 ml starker guter Kaffee (s.o.)
1 g Johannisbrotkern- oder Carobpulver
20 Magermilchpulver

- Geben Sie das Eigelb, Mascarpone, den Kristall- sowie den Traubenzucker in eine Schüssel. Schlagen Sie die Masse mit einem Handrührgerät etwa 2 Min., bis die Textur von Schlagsahne erreicht ist.
- Geben Sie die Milch und den Kaffee in einen Topf und fügen Sie die Sahnemasse hinzu. Verrühren Sie die beiden Zutaten vorsichtig und langsam mit einem Silikonspatel, dabei auch das Johannisbrotkern- oder Carobpulver sowie die das Magermilchpulver unterrühren.
- Den Topf nun auf dem Herd auf 70 °C erhitzen. Ist die Temperatur erreicht, sofort von der Platte ziehen und auf Raumtemperatur abkühlen lassen.
- Die Masse in die Eismaschine geben, und die Maschine einschalten. Das Eis ist servierfertig, wenn es »trocken« wirkt, also nicht mehr nass oder feucht aussieht. Das dauert etwa 40–50 Min. Schaben Sie das Eis mit einem flexiblem Spatel aus der Maschine, und servieren Sie es entweder sofort oder frieren Sie es in einer Gefrierbox mit Deckel ein.

Caffè
Kaffeeeis

Wenn es den Italiener:innen bei Gelato alla Crema um Tradition geht, so ist Gelato al caffè einer der Favoriten Italiens! Wichtig ist es, besonders guten Kaffee zu verwenden. Bei uns gibt es nur 100%-igen Arabica aus besonders guten südamerikanischen Plantagen in Südamerika. Der Kaffee muss unmittelbar vor dem Gebrauch gebrüht werden, sei es in der Maschine oder als Mokka, weil er sonst oxidiert (wie es bei Kaffee schnell passiert) oder seine tiefen Aromen verliert. Dieses exquisite seidige Kaffeeeis verleiht Ihnen einen echten Energieschub!

Ergibt etwa 500 g bzw. 4 Portionen

120 g Sahne (mind. 35% Fett, vorzugsweise Bio)
150 ml frisch gebrühter abgekühlter starker Kaffee der Sorte Arabica
50 g Kristallzucker
50 g Traubenzucker (Dextrose)
100 ml Vollmilch (mind. 3,5% Fett, vorzugsweise Bio)
1 g Johannisbrotkern- oder Carobpulver
30 g Magermilchpulver

- Geben Sie die Sahne, den Kaffee, den Kristall- sowie den Traubenzucker in eine Schüssel. Schlagen Sie die Masse mit einem Handrührgerät etwa 2 Min., bis die Textur von Schlagsahne erreicht ist.
- Geben Sie die Milch in einen Topf und fügen Sie die Sahnemasse hinzu. Verrühren Sie die beiden Zutaten vorsichtig und langsam mit einem Silikonspatel, dabei auch das Johannisbrotkern- oder Carobpulver sowie das Magermilchpulver unterrühren.
- Den Topf nun auf dem Herd auf 85 °C erhitzen. Ist die Temperatur erreicht, sofort von der Platte ziehen und auf Raumtemperatur abkühlen lassen.
- Die Masse in die Eismaschine geben, und die Maschine einschalten. Das Eis ist servierfertig, wenn es »trocken« wirkt, also nicht mehr nass oder feucht aussieht. Das dauert etwa 40–50 Min. Schaben Sie das Eis mit einem flexiblem Spatel aus der Maschine, und servieren Sie es entweder sofort oder frieren Sie es in einer Gefrierbox mit Deckel ein.

Cocco

Kokosnusseis

Unser Kokoseis erfrischt im Sommer, idealerweise serviert mit ein wenig Mangosorbet (s. S. 89). Perfekt ist es allerdings auch im Winter als »Bounty-Fusion« mit dunkler Schokolade! Achten Sie darauf gute (am besten thailändische) Kokosraspeln zu nutzen, die haben das beste Aroma.

Ergibt etwa 500 g bzw. 4 Portionen

50 g Kokosraspeln
50 g Sahne (mind. 35% Fett, vorzugsweise Bio)
30 g Sahne (mind. 35% Fett, vorzugsweise Bio)
60 g Kristallzucker
50 g Traubenzucker (Dextrose)
260 ml Vollmilch (mind. 3,5% Fett, vorzugsweise Bio)
1 g Johannisbrotkern- oder Carobpulver
20 g Magermilchpulver

Am Vortag:

- 24 Stunden vor Zubereitung des Eiscreme weichen Sie die Kokosraspeln in die 50 g Sahne ein und lassen sie im Kühlschrank abgedeckt 24 Stunden ruhen. Diese »kalte Infusion« bringt das Aroma der Kokosraspeln erst so richtig hervor.

Am nächsten Tag:

- Geben Sie die 30 g Sahne, die eingeweichten Kokosraspeln, den Kristall- sowie den Traubenzucker in eine Schüssel. Schlagen Sie die Masse mit einem Handrührgerät etwa 2 Min., bis die Textur von Schlagsahne erreicht ist.
- Geben Sie die Milch in einen Topf und fügen Sie die Sahnemasse hinzu. Verrühren Sie die beiden Zutaten vorsichtig und langsam mit einem Silikonspatel, dabei auch das Johannisbrotkern- oder Carobpulver sowie das Magermilchpulver unterrühren.
- Den Topf nun auf dem Herd auf 85 °C erhitzen. Ist die Temperatur erreicht, sofort von der Platte ziehen und auf Raumtemperatur abkühlen lassen.
- Die Masse in die Eismaschine geben, und die Maschine einschalten. Das Eis ist servierfertig, wenn es »trocken« wirkt, also nicht mehr nass oder feucht aussieht. Das dauert etwa 40–50 Min. Schaben Sie das Eis mit einem flexiblen Spatel aus der Maschine, und servieren Sie es entweder sofort oder frieren Sie es in einer Gefrierbox mit Deckel ein.

Cassata alla siciliana

Cassata

Dieses reichhaltige unvergleichlich köstliche Gelato ist inspiriert von der weltberühmten sizilianischen Cassata, der festlichen Schichttorte mit Pan di spagna und Ricottacreme, die mit kandierten Früchten, Pistazien oder Pinienkernen, Bitterschokolade, Zimt und Orangenblütenlikör oder Orangenblütenwasser und mehr serviert wird. Sie werden es lieben!

Ergibt etwa 500 g bzw. 4 Portionen

130 g Ricotta (vorzugsweise Bio)
180 ml Vollmilch (mind. 3,5% Fett, vorzugsweise Bio)
60 g Sahne (mind. 35% Fett, vorzugsweise Bio)
55 g Kristallzucker
45 g Traubenzucker (Dextrose)
1 g Johannisbrotkern- oder Carobpulver
30 g Magermilchpulver
1 gute Handvoll Pistazienkerne
süße italienische Orangenkonfitüre

- Geben Sie Ricotta, Milch und Sahne sowie Kristall- und Traubenzucker in eine Schüssel. Und verquirlen Sie die Masse etwa 2 Min. mit dem Handrührgerät, bis eine homogene Masse entstanden ist.
- Geben Sie die Masse in einen Topf und rühren Sie nun vorsichtig und langsam mit einem Silikonspatel das Johannisbrotkern- oder Carobpulver sowie das Magermilchpulver unter.
- Den Topf nun auf dem Herd auf 85 °C erhitzen. Ist die Temperatur erreicht, sofort von der Platte ziehen und auf Raumtemperatur abkühlen lassen.
- Die Masse in die Eismaschine geben, und die Maschine einschalten. Das Eis ist servierfertig, wenn es »trocken« wirkt, also nicht mehr nass oder feucht aussieht. Das dauert etwa 40–50 Min. Schaben Sie das Eis mit einem flexiblen Spatel aus der Maschine, und servieren Sie es entweder sofort oder frieren Sie es in einer Gefrierbox mit Deckel ein.
- Während das Eis gefriert können Sie die Pistazien in einer Pfanne ohne Fett rösten, bis es duftet. Vorsicht: Sie brennen leicht an. Sie können die Pistazien aber auch ungeröstet lassen.
- Wenn Sie das Eis servieren bitte großzügig mit den Pistazien bestreuen und die süße italienische Orangenkonfitüre dazu reichen; so kann jede Person selbst bestimmen, wie süß sie ihre Cassata haben möchte.

Yogurt greco

Griechisches Joghurteis

Ein nahrhaftes erfrischendes Gelato, das sich gut mit frischen Früchten oder Honig kombinieren lässt. Perfekt als Dessert oder sogar als Nachmittagssnack!

Ergibt etwa 500 g bzw. 4 Portionen

190 g griechischer Joghurt (vorzugsweise Bio mit 10 % Fettgehalt)
50 g Sahne (mind. 35% Fett, vorzugsweise Bio)
10 g Honig (vorzugsweise Bio-Akazienhonig)
60 g Kristallzucker
30 g Traubenzucker (Dextrose)
35 g Mascarpone
100 ml Vollmilch (mind. 3,5% Fett, vorzugsweise Bio)
1 g Johannisbrotkern- oder Carobpulver
20 g Magermilchpulver

- Geben Sie den Joghurt, die Sahne, Milch, Honig, Kristall- und Traubenzucker sowie Mascarpone in eine Schüssel. Und verquirlen Sie die Masse etwa 2 Min. mit dem Handrührgerät, bis eine homogene Masse entstanden ist.
- Geben Sie die Masse in einen Topf und rühren Sie nun vorsichtig und langsam mit einem Silikonspatel das Johannisbrotkern- oder Carobpulver sowie das Magermilchpulver unter.
- Den Topf nun auf dem Herd auf 40 °C erhitzen. Ist die Temperatur erreicht, sofort von der Platte ziehen und auf Raumtemperatur abkühlen lassen.
- Die Masse in die Eismaschine geben, und die Maschine einschalten. Das Eis ist servierfertig, wenn es »trocken« wirkt, also nicht mehr nass oder feucht aussieht. Das dauert etwa 40–50 Min. Schaben Sie das Eis mit einem flexiblen Spatel aus der Maschine, und servieren Sie es entweder sofort oder frieren Sie es in einer Gefrierbox mit Deckel ein.

1 2 3 4

VIA BUONISSIMO
VIALE D'ESTATE
P.ZA GUSTO
VIA CIOCCOLATA
VIALE DEI BAMBINI
PIAZZA FREDDA
VIA DEI SORBETTI
PIAZZA DELLA FRUTTA
PIAZZA del Gelato
VIA LIMONE
P.LE DOLCE
VIA CHIOTTO
VIA FRAGOLA
BELFIORE
Giardino della Gherardesca
Giardino d. Semplici
Giardino dell' Orticoltura
Università
Accademia Belle Arti
Stazione di S. M. Novella
PAL.D. CONGRESSI
Chiesa Americana

Gelato alle noci

Nusseis

Nocciola

Haselnusseis

Sind Sie Nussliebhaber:in? Dann ist dieser Haselnussgeschmack ein Muss! Cremig, reichhaltig und lecker sind die perfekten Adjektive, um das Haselnuss-Gelato zu beschreiben: Kinder und Erwachsene lieben es gleichermaßen, der Geschmack ist delikat und dennoch kraftvoll, ein Genuss für die Geschmacksknospen.

Ergibt etwa 500 g bzw. 4 Portionen

50 g ganze Haselnüsse (vorzugsweise Bio)
40 g Sahne (mind. 35% Fett, vorzugsweise Bio)
55 g Kristallzucker
35 Traubenzucker (Dextrose)
320 ml Vollmilch (mind. 3,5% Fett, vorzugsweise Bio)
1 g Johannisbrotkern- oder Carobpulver
10 g Magermilchpulver

- Die Haselnüsse sollen fast, aber nicht ganz, die Konsistenz einer Paste mit sehr kleinen Nussstückchen bekommen, d.h. sie werden von Hand oder im Blitzhacker solange gehackt, bis sie einer öligen Paste ähneln.
- Geben Sie die Sahne, die Haselnusspaste, den Kristall- sowie den Traubenzucker in eine Schüssel. Schlagen Sie die Masse mit einem Handrührgerät etwa 2 Min., bis die Textur von Schlagsahne erreicht ist.
- Geben Sie die Milch in einen Topf und fügen Sie die Sahnemasse hinzu. Verrühren Sie die beiden Zutaten vorsichtig und langsam mit einem Silikonspatel, dabei auch das Johannisbrotkern- oder Carobpulver sowie das Magermilchpulver unterrühren.
- Den Topf nun auf dem Herd auf 85 °C erhitzen. Ist die Temperatur erreicht, sofort von der Platte ziehen und auf Raumtemperatur abkühlen lassen.
- Die Masse in die Eismaschine geben, und die Maschine einschalten Das Eis ist servierfertig, wenn es »trocken« wirkt, also nicht mehr nass oder feucht aussieht. Das dauert etwa 50 Min. Schaben Sie das Eis mit einem flexiblen Spatel aus der Maschine, und servieren Sie es entweder sofort oder frieren Sie es in einer Gefrierbox mit Deckel ein.

Mandorle

Mandeleis

Mandeln spielen eine so wichtige Rolle in der italienischen Küche, insbesondere in der Gebäck- und Eiswelt. Unsere Mandeln kommen direkt aus unserem geliebten Sizilien, und zwar aus Avola, dem Zentrum des Mandelanbaus. Die Mandel ist die unumstrittene Königin der Nüsse: reich an Nährstoffen, Aroma, gesunden Fetten und mit dem »rauchigen« Finish, das von ihrer »Haut« stammt. Knusprig und seidig zugleich, wird ihr feines Aroma Ihren Gaumen erfreuen.

Ergibt etwa 500 g bzw. 4 Portionen

50 g ganze Mandeln (vorzugsweise Bio)
40 g Sahne (mind. 35% Fett, vorzugsweise Bio)
320 ml Vollmilch (mind. 3,5% Fett, vorzugsweise Bio)
50 g Kristallzucker
40 g Traubenzucker (Dextrose)
1 g Johannisbrotkern- oder Carobpulver
10 g Magermilchpulver

- Die Mandeln sollen fast, aber nicht ganz, die Konsistenz einer Paste mit sehr kleinen Nussstückchen bekommen, d.h. sie werden von Hand oder im Blitzhacker solange gehackt, bis sie einer öligen Paste ähneln.
- Geben Sie die Sahne, Mandelpaste, den Kristall- sowie den Traubenzucker in eine Schüssel. Schlagen Sie die Masse mit einem Handrührgerät etwa 2 Min., bis die Textur von Schlagsahne erreicht ist.
- Geben Sie die Milch in einen Topf und fügen Sie die Sahnemasse hinzu. Verrühren Sie die beiden Zutaten vorsichtig und langsam mit einem Silikonspatel, dabei auch das Johannisbrotkern- oder Carobpulver sowie das Magermilchpulver unterrühren.
- Den Topf nun auf dem Herd erhitzen, wenn die Temperatur von 85 °C erreicht ist, sofort von der Platte ziehen und auf Raumtemperatur abkühlen lassen.
- Die Masse in die Eismaschine geben, und die Maschine einschalten. Das Eis ist servierfertig, wenn es »trocken« wirkt, also nicht mehr nass oder feucht aussieht. Das dauert etwa 50 Min. Schaben Sie das Eis mit einem flexiblen Spatel aus der Maschine, und servieren Sie es entweder sofort oder frieren Sie es in einer Gefrierbox mit Deckel ein.

Pistacchio

Pistazieneis

Pistazien – sie werden auch grüne Mandeln genannt – und gelten schon seit der Antike als wahre Delikatesse. Der Geschmack der Pistazie ist ganz einzigartig, daher erfreut sich Pistazieneis auch sehr großer Beliebtheit. Dieses Gelatorezept ist fast minimalistisch und bringt so das einzigartige Aroma der Pistazie wunderbar zur Geltung.

Ergibt etwa 500 g bzw. 4 Portionen

50 g Pistazien ohne Schale (vorzugsweise Bio)
50 g Sahne (mind. 35% Fett, vorzugsweise Bio)
55 g Kristallzucker
35 g Traubenzucker
300 ml Vollmilch (mind. 3,5% Fett, vorzugsweise Bio)
1 g Johannisbrotkern- oder Carobpulver
10 g Magermilchpulver

- Die Pistazien im auf 160 °C vorgeheizten Backofen 18 Min. auf einem Backblech auf mittlerer Schiene rösten. Die Pistazien vollständig abkühlen lassen. Die Pistazien sollen fast, aber nicht ganz, die Konsistenz einer Paste mit sehr kleinen Nussstückchen bekommen, d.h. sie werden von Hand oder im Blitzhacker solange gehackt, bis sie einer öligen stückigen Paste ähneln.
- Geben Sie die Sahne, Pistazienpaste, den Kristall- sowie den Traubenzucker in eine Schüssel. Schlagen Sie die Masse mit einem Handrührgerät etwa 2 Min., bis die Textur von Schlagsahne erreicht ist.
- Geben Sie die Milch in einen Topf und fügen Sie die Sahnemasse hinzu. Verrühren Sie die beiden Zutaten vorsichtig und langsam mit einem Silikonspatel, dabei auch das Johannisbrotkern- oder Carobpulver sowie das Magermilchpulver unterrühren.
- Den Topf nun auf dem Herd auf 85 °C erhitzen. Ist die Temperatur erreicht, sofort von der Platte ziehen und auf Raumtemperatur abkühlen lassen.
- Die Masse in die Eismaschine geben, und die Maschine einschalten. Das Eis ist servierfertig, wenn es »trocken« wirkt, also nicht mehr nass oder feucht aussieht. Das dauert etwa 50 Min. Schaben Sie das Eis mit einem flexiblen Spatel aus der Maschine und servieren Sie es entweder sofort oder frieren Sie es in einer Gefrierbox mit Deckel ein.

Pistacchio vegano

Veganes Pistazieneis

Wer behauptet eigentlich, Gelato MUSS Laktose enthalten? Hier finden Sie ein veganes und laktosefreies Beispiel basierend auf Wasser anstelle von Milch oder Sahne, ohne dass der Geschmack im Geringsten darunter leidet. Ein paar Gramm Pflanzenfasern (in diesem Fall Tarakernpulver) sowie das reichhaltige Aroma der Pistazien ergeben ein unvergleichlich köstliches Gelato!

Ergibt etwa 500 g bzw. 4 Portionen

70 g Pistazien ohne Schale (vorzugsweise Bio)
280 ml kaltes Wasser
55 g Kristallzucker
75 g Traubenzucker (Dextrose)
15 g Inulin
1 g Tarakernpulver

- Die Pistazien im auf 160 °C vorgeheizten Backofen 18 Min. auf einem Backblech auf mittlerer Schiene rösten. Die Pistazien vollständig abkühlen lassen. Die Pistazien sollen fast, aber nicht ganz, die Konsistenz einer Paste mit sehr kleinen Nussstückchen bekommen, d.h. sie werden von Hand oder im Blitzhacker solange gehackt, bis sie einer öligen stückigen Paste ähneln.
- Geben Sie das Wasser, die Pistazienpaste, den Kristall- sowie den Traubenzucker in eine Schüssel. Schlagen Sie die Masse mit einem Handrührgerät etwa 2 Min., bis Sie eine homogene Masse haben.
- Geben Sie die Masse in einen Topf, den Sie nun auf dem Herd auf 71 °C erhitzen. Dabei langsam mit einem Silikonspatel das Inulin und Tarakernpulver unterrühren. Ist die Temperatur erreicht, sofort von der Platte ziehen und auf Raumtemperatur abkühlen lassen.
- Die Masse in die Eismaschine geben, und die Maschine einschalten. Das Eis ist servierfertig, wenn es »trocken« wirkt, also nicht mehr nass oder feucht aussieht. Das dauert etwa 50 Min. Schaben Sie das Eis mit einem flexiblen Spatel aus der Maschine, und servieren Sie es entweder sofort oder frieren Sie es in einer Gefrierbox mit Deckel ein.

Gianduiotto

Piemontesisches Nougateis

Gianduiotto bezeichnet eine italienische Nougatpraline aus piemontesischen Haselnüssen. Der Name dieser Turiner Spezialität geht auf eine lokale Karnevalsfigur zurück, nämlich Gianduia, der einen typischen piemontesischen Bauern in der Commedia dell'arte verkörpert. Kakaomasse ist die wichtigste Zutat einer jeden Schokolade, sie besteht nach dem Mahlvorgang aus etwa 55% Kakaobutter, etwa 44% Kakaotrockenbestandteilen (wie Eiweiß, Stärke, Mineralstoffe etc.) und zu 1% aus Wasser. Sie duftet und schmeckt intensiv nach Kakao mit ganz leicht bitteren und sauren Noten.

Ergibt etwa 500 g bzw. 4 Portionen

30 g ganze Haselnüsse (vorzugsweise Bio)
310 ml Vollmilch (mind. 3,5% Fett, vorzugsweise Bio)
20 g Eigelb (1 Eigelb, Größe L, vorzugsweise Bio)
80 g Kristallzucker
35 g Traubenzucker (Dextrose)
10 g Kakaopulver (vorzugsweise Bio mit einem Fettgehalt von 10–12%, der optimal ist für Seidigkeit und Geschmack des Gelato)
2 g Kakaobutter
15 g Kakaomasse (s.o.)
1 g Johannisbrotkern- oder Carobpulver

- Die Haselnüsse sollen fast, aber nicht ganz, die Konsistenz einer Paste mit sehr kleinen Nussstückchen bekommen, d.h. sie werden von Hand oder im Blitzhacker solange gehackt, bis sie einer öligen Paste ähneln.
- Geben Sie die Milch, Haselnusspaste, das Eigelb, Kakaopulver, Kakaobutter, Kakaomasse und den Kristall- sowie den Traubenzucker in eine Schüssel. Schlagen Sie die Masse mit einem Handrührgerät etwa 2 Min., bis die Textur von Schlagsahne erreicht ist.
- Geben Sie die Masse in einen Topf und rühren Sie nun vorsichtig und langsam mit einem Silikonspatel das Johannisbrotkern- oder Carobpulver rühren.
- Den Topf nun auf dem Herd auf 85 °C erhitzen. Ist die Temperatur erreicht, sofort von der Platte ziehen und auf Raumtemperatur abkühlen lassen.
- Die Masse in die Eismaschine geben, und die Maschine einschalten. Das Eis ist servierfertig, wenn es »trocken« wirkt, also nicht mehr nass oder feucht aussieht. Das dauert etwa 40–50 Min. Schaben Sie das Eis mit einem flexiblen Spatel aus der Maschine, und servieren Sie es entweder sofort oder frieren Sie es in einer Gefrierbox mit Deckel ein.

Nuxxla

Haselnuss-Kakao-Eis

Eine köstliche Mischung aus Haselnuss und Kakao, die Sie sofort in Ihre Kindheit zurückversetzen wird! Bio-Haselnüsse aus dem Piemont, biologisches Kakaopulver mit einem Fettanteil von etwa 10–12%, um die Seidigkeit des Gelato und der Bio-Milch zu maximieren, ergeben eine sensorische Erfahrung, die Sie nie vergessen werden. Verwenden Sie bitte immer die frischesten Zutaten, um die Qualität und eine gesunde Snack-Alternative für das ganze Jahr sicherzustellen.

Ergibt etwa 500 g bzw. 4 Portionen

40 g ganze Haselnüsse (vorzugsweise Bio)
60 g Sahne (mind. 35% Fett, vorzugsweise Bio)
50 g Kristallzucker
50 g Traubenzucker (Dextrose)
270 ml Vollmilch (mind. 3,5% Fett, vorzugsweise Bio)
1 g Johannisbrotkern- oder Carobpulver
20 g Magermilchpulver
10 g Kakaopulver (vorzugsweise Bio mit einem Fettgehalt von 10–12%, der optimal ist für Seidigkeit und Geschmack des Gelato)

- Die Haselnüsse sollen fast, aber nicht ganz, die Konsistenz einer Paste mit sehr kleinen Nussstückchen bekommen, d.h. sie werden von Hand oder im Blitzhacker solange gehackt, bis sie einer öligen Paste ähneln.

- Geben Sie die Sahne, Haselnusspaste, Kakaopulver, den Kristall- sowie den Traubenzucker in eine Schüssel. Schlagen Sie die Masse mit einem Handrührgerät etwa 2 Min., bis die Textur von Schlagsahne erreicht ist.
- Geben Sie die Milch in einen Topf und fügen Sie die Sahnemasse hinzu. Verrühren Sie die beiden Zutaten vorsichtig und langsam mit einem Silikonspatel, dabei auch das Johannisbrotkern- oder Carobpulver sowie das Magermilchpulver unterrühren.
- Den Topf nun auf dem Herd auf 85 °C erhitzen. Ist die Temperatur erreicht, sofort von der Platte ziehen und auf Raumtemperatur abkühlen lassen.
- Die Masse in die Eismaschine geben, und die Maschine einschalten. Das Eis ist servierfertig, wenn es »trocken« wirkt, also nicht mehr nass oder feucht aussieht. Das dauert etwa 40–50 Min. Schaben Sie das Eis mit einem flexiblen Spatel aus der Maschine, und servieren Sie es entweder sofort oder frieren Sie es in einer Gefrierbox mit Deckel ein.

Arachidi

Erdnusseis

Und natürlich darf in diesem Kapitel die Erdnuss mit ihrer cremigen Textur nicht fehlen. Die Erdnuss ist gesund und stellt eine große Energiequelle dar. Für alle Peanutbutterliebhaber:innen!

Ergibt etwa 500 g bzw. 4 Portionen

50 g ganze Erdnüsse ohne Schale (vorzugsweise Bio)
35 g Sahne (mind. 35% Fett, vorzugsweise Bio)
55 g Kristallzucker
35 g Traubenzucker (Dextrose)
320 ml Vollmilch (mind. 3,5% Fett, vorzugsweise Bio)
1 g Johannisbrotkern- oder Carobpulver
10 g Magermilchpulver

- Die Erdnüsse sollen fast, aber nicht ganz, die Konsistenz einer Paste mit sehr kleinen Nussstückchen bekommen, d.h. sie werden von Hand oder im Blitzhacker solange gehackt, bis sie einer öligen Paste ähneln.
- Geben Sie die Sahne, die Erdnusspaste, den Kristall- sowie den Traubenzucker in eine Schüssel. Schlagen Sie die Masse mit einem Handrührgerät etwa 2 Min., bis die Textur von Schlagsahne erreicht ist.
- Geben Sie die Milch in einen Topf und fügen Sie die Sahnemasse hinzu. Verrühren Sie die beiden Zutaten vorsichtig und langsam mit einem Silikonspatel, dabei auch das Johannisbrotkern- oder Carobpulver sowie das Magermilchpulver unterrühren.
- Den Topf nun auf dem Herd auf 85 °C erhitzen. Ist die Temperatur erreicht, sofort von der Platte ziehen und auf Raumtemperatur abkühlen lassen.
- Die Masse in die Eismaschine geben, und die Maschine einschalten. Das Eis ist servierfertig, wenn es »trocken« wirkt, also nicht mehr nass oder feucht aussieht. Das dauert etwa 40–50 Min. Schaben Sie das Eis mit einem flexiblen Spatel aus der Maschine, und servieren Sie es entweder sofort oder frieren Sie es in einer Gefrierbox mit Deckel ein.

Gelato

Icecream
LOVE
MASSIMO

AMORE
per tutti
amore
PER GELATO

BUON
GIORNO

PER UNA PERSONA

Gelato al cioccolato
Schokoladeneis

Cioccolato fondente

Dunkles Schokoladeneis

ACHTUNG: Für alle Schokoladenfanatiker! Diese Gelato ist ein absolutes Muss! Ein reines und reichhaltiges Gelato von cremiger Konsistenz ohne Milch oder Sahne ... perfekt als Begleiter zu einem Stück Kuchen. Im Winter wiederum wird dies Gelato zu einer köstlichen heißen Schokolade! Geben Sie einfach eine ordentliche Portion Dunkles Schokoladeneis in eine große Tasse mit Milch und erhitzen das Ganze mit dem Milchschäumer der Kaffeemaschine oder in einem Topf. Buon appetito!

Ergibt etwa 500 g bzw. 4 Portionen

280 ml kaltes Wasser
80 g Kristallzucker
60 g Traubenzucker (Dextrose)
1 g Tarakernmehl
50 g Kakaopulver (vorzugsweise Bio mit einem Fettgehalt von 10–12%, der optimal ist für Seidigkeit und Geschmack des Gelato)

- Geben Sie das Wasser und den Kristall- sowie den Traubenzucker in eine Schüssel. Schlagen Sie die Masse mit einem Handrührgerät etwa 2 Min., bis eine homogene Masse entstanden ist.
- Geben Sie die Masse in einen Topf und rühren Sie vorsichtig und langsam mit einem Silikonspatel das Tarakernpulver sowie das Kakaopulver unter.
- Den Topf nun auf dem Herd auf 85 °C erhitzen. Ist die Temperatur erreicht, sofort von der Platte ziehen und auf Raumtemperatur abkühlen lassen.
- Die Masse in die Eismaschine geben, und die Maschine einschalten. Das Eis ist servierfertig, wenn es »trocken« wirkt, also nicht mehr nass oder feucht aussieht. Das dauert etwa 40–50 Min. Schaben Sie das Eis mit einem flexiblen Spatel aus der Maschine und servieren Sie es entweder sofort oder frieren Sie es in einer Gefrierbox mit Deckel ein.

Cioccolato al latte

Milchschokoladeneis

Hier ist ein weiteres köstliches Schokoladeneis-Rezept, das vor allem von Kindern geliebt wird. Cremig, reichhaltig, vollmundig und zart zugleich. Ein perfekt ausbalanciertes Rezept, das selbst die erfahrensten Schokoladenverkoster nicht enttäuscht.

Ergibt etwa 500 g bzw. 4 Portionen

100 g Sahne (mind. 35% Fett, vorzugsweise Bio)
70 g Kristallzucker
40 g Traubenzucker (Dextrose)
240 ml Vollmilch (mind. 3,5% Fett, vorzugsweise Bio)
1 g Johannisbrotkern- oder Carobpulver
30 g Kakaopulver (vorzugsweise Bio mit einem Fettgehalt von 10–12%, der optimal ist für Seidigkeit und Geschmack des Gelato)
20 g Magermilchpulver

- Geben Sie die Sahne, den Kristall- sowie den Traubenzucker in eine Schüssel. Schlagen Sie die Masse mit einem Handrührgerät etwa 2 Min., bis die Textur von Schlagsahne erreicht ist.
- Geben Sie die Milch in einen Topf und fügen Sie die Sahnemasse hinzu. Verrühren Sie die beiden Zutaten vorsichtig und langsam mit einem Silikonspatel, dabei auch das Johannisbrotkern- oder Carobpulver sowie das Kakao- und Magermilchpulver unterrühren.
- Den Topf nun auf dem Herd auf 92 °C erhitzen. Ist die Temperatur erreicht, sofort von der Platte ziehen und auf Raumtemperatur abkühlen lassen.
- Die Masse in die Eismaschine geben, und die Maschine einschalten. Das Eis ist servierfertig, wenn es »trocken« wirkt, also nicht mehr nass oder feucht aussieht. Das dauert etwa 40–50 Min. Schaben Sie das Eis mit einem flexiblen Spatel aus der Maschine, und servieren Sie es entweder sofort oder frieren Sie es in einer Gefrierbox mit Deckel ein.

Cioccolato bianco ai lamponi

Weiße-Schokolade-Eis mit Himbeeren

Weiße Schokolade besteht aus Kakaobutter, Zucker und Milchfeststoffen, enthält aber keine Kakaofeststoffe. Sie zeichnet sich durch eine blasse Elfenbeinfarbe aus. Ihr Geschmack ist süßer als Milch, daher sehr beliebt bei Kindern. Dieses Gelato mit Obst ist eine Traumkombination. Sie können es aber auch für eine köstliche weiße heiße Schokolade (s. auch S. 72) verwenden, die Sie mit etwas Zimt- oder Kakaopulver bestäuben. Einfach köstlich für einen gemütlichen Filmabend im Winter.

Ergibt etwa 500 g bzw. 4 Portionen

1 gute Handvoll Himbeeren, feingehackt
60 g Sahne (mind. 35% Fett, vorzugsweise Bio)
25 g Kristallzucker
50 g Traubenzucker (Dextrose)
260 ml kaltes Wasser
20 g Magermilchpulver
1 g Johannisbrotkern- oder Carobpulver
10 g Inulin
75 g weiße Schokolade

- Die Himbeeren lassen sich am besten hacken, wenn sie gefroren sind. Also nutzen Sie entweder gleich gefrorene Himbeeren oder, wenn Sie frische haben, frieren Sie sie kurz ein.
- Geben Sie die Sahne, den Kristall- sowie den Traubenzucker in eine Schüssel. Schlagen Sie die Masse mit einem Handrührgerät etwa 2 Min., bis die Textur von Schlagsahne erreicht ist.
- Geben Sie das Wasser in einen Topf und fügen Sie die Sahnemasse hinzu. Verrühren Sie die beiden Zutaten vorsichtig und langsam mit einem Silikonspatel, dabei auch das Johannisbrotkern- oder Carobpulver sowie Inulin unterrühren und die in Stücke gebrochene weiße Schokolade dazugeben.
- Den Topf nun auf dem Herd auf 92 °C erhitzen. Ist die Temperatur erreicht, sofort von der Platte ziehen und auf Raumtemperatur abkühlen lassen.
- Die Masse in die Eismaschine geben, und die Maschine einschalten. Das Eis ist servierfertig, wenn es »trocken« wirkt, also nicht mehr nass oder feucht aussieht. Das dauert etwa 40–50 Min. Ganz zum Schluss geben Sie die gehackten Himbeeren in die Eismaschine, sie sollen sich gleichmäßig im Gelato verteilen. Schaben Sie das Eis mit einem flexiblen Spatel aus der Maschine und servieren Sie es entweder sofort oder frieren Sie es in einer Gefrierbox mit Deckel ein.

Stracciatella

Stracciatellaeis

Die echte italienische Stracciatella ist eine Kombination des Rezepts für Fior di Latte und einer sorgfältig hergestellten Schokoladensauce, die erst während der letzten Minuten der Zubereitung des Fior di Latte in die Eismaschine gegeben wird.

Ergibt etwa 500 g bzw. 4 Portionen

1 Portion Fior di latte (s. S. 42)
40 g Schokoladendrops (vorzugsweise 70% Kakaoanteil, Mono-Herkunft Venezuela)
10 g Bio-Kakaobutter

- Geben Sie die Schokoladendrops und die Kakaobutter in einen Topf. Diesen auf einen Induktionsherd bei 60 °C (keinesfalls wärmer, sonst brennt die Schokolade) geben. Nun verrühren Sie die Zutaten langsam mit einem Holzlöffel.
- Wenn beide Zutaten vollständig kombiniert sind, ist Ihre Schokoladensauce fertig.
- Geben Sie die Portion Fior di Latte in die Eismaschine und stellen Sie sie an. Wenn die Mischung –6 °C erreicht hat, müssen Sie die Maschine anhalten. Sie werden feststellen, dass die Masse fest geworden, aber noch immer feucht ist.
- Nun 1/3 der Schokoladensauce in einem winzigen Strahl über die Mischung geben. Warten Sie eine Weile, bis die Schokoladensauce »getrocknet« ist, das heißt, bis sie nicht mehr glänzt, sondern matt aussieht.
- Starten Sie die Maschine erneut und Sie werden beobachten können, dass sich die »getrocknete« Schokoladensauce in kleine Stücke auflöst. Wiederholen Sie diesen Vorgang noch zweimal, bis die Sauce aufgebraucht ist.
- Das Eis ist servierfertig, wenn es »trocken« wirkt, also nicht mehr nass oder feucht aussieht. Das dauert etwa 40–50 Min. Schaben Sie das Eis, mit einem flexiblen Spatel aus der Maschine und servieren Sie es entweder sofort oder frieren Sie es in einer Gefrierbox mit Deckel ein.

Cioccolato al latte con peperoncino

Milchschokoladeneis mit Chili

Schon in der Antike mischten Mayas ihre Kakaobohnen mit Chilis. Der Kontrast zwischen Schokolade (bitter und süß) sowie der Schärfe des Chili, – wie bevorzugen Habanero-Chili – bietet unseren Geschmackssensoren ein angenehmes, ja fast »verwirrendes« Erlebnis. Es ist äußerst wichtig, nicht mit der Chilimenge zu übertreiben, da dies Ihre Geschmacksknospen betäuben kann und Sie nichts mehr von der Schokolade schmecken.

Ergibt etwa 500 g bzw. 4 Portionen

100 g Sahne (mind. 35 % Fett, vorzugsweise Bio)
2 g Chiliflocken (eine gute Prise)
70 g Kristallzucker
40 g Traubenzucker (Dextrose)
240 ml Vollmilch (mind. 3,5% Fett, vorzugsweise Bio)
1 g Johannisbrotkern- oder Carobpulver
30 g Kakaopulver (vorzugsweise Bio mit einem Fettgehalt von 10–12%, der optimal ist für Seidigkeit und Geschmack des Gelato)
20 g Magermilchpulver

- Geben Sie die Sahne, Chiliflocken, den Kristall- sowie den Traubenzucker in eine Schüssel. Schlagen Sie die Masse mit einem Handrührgerät etwa 2 Min., bis die Textur von Schlagsahne erreicht ist.
- Geben Sie die Milch in einen Topf und fügen Sie die Sahnemasse hinzu. Verrühren Sie die beiden Zutaten vorsichtig und langsam mit einem Silikonspatel, dabei auch das Johannisbrotkern- oder Carobpulver sowie das Kakao- und das Magermilchpulver unterrühren.
- Den Topf nun auf dem Herd auf 92 °C erhitzen. Ist die Temperatur erreicht, sofort von der Platte ziehen und auf Raumtemperatur abkühlen lassen.
- Die Masse in die Eismaschine geben, und die Maschine einschalten. Das Eis ist servierfertig, wenn es »trocken« wirkt, also nicht mehr nass oder feucht aussieht. Das dauert etwa 40–50 Min. Schaben Sie das Eis, mit einem flexiblen Spatel aus der Maschine und servieren Sie es entweder sofort oder frieren Sie es in einer Gefrierbox mit Deckel ein.

Cioccolato con caramello e sale

Schokoladeneis mit Karamell und rosa Salz

Schokolade ist für sich genommen schon kraftvoll und gleichzeitig delikat, doch wenn sie von einer »Partner«-Zutat begleitet wird, etwa Salz, Chili, Orange, Lakritz, findet eine »partnerschaftliche Verbindung« statt, die zu den köstlichsten Aromaexplosionen führt; dabei setzt Ihr Gehirn Serotonin frei, das ein Gefühl der inneren Ruhe und Zufriedenheit vermittelt. Salzig und süß haben sich noch nie so gut verstanden wie in diesem Gelato.

Ergibt etwa 500 g bzw. 4 Portionen

30 g Sahne (mind. 35% Fett, vorzugsweise Bio)
2 g rosa Salz (eine gute Prise)
30 g Karamell (s. u.)
10 g Kristallzucker
20 g Traubenzucker (Dextrose)
300 ml Vollmilch (mind. 3,5% Fett, vorzugsweise Bio)
1 g Johannisbrotkern- oder Carobpulver
20 g Magermilchpulver
90 g dunkle Schokolade (vorzugsweise Bio mit 74% Kakaoanteil)

Für den Karamell

10 ml frisch gepresster Zitronensaft
30 g Kristallzucker

Für den Karamell:

- Dieser Karamell ist sehr einfach zuzubereiten. Er besteht aus frisch gepresstem Zitronensaft und Zucker. Geben Sie beides in einen kleinen Topf und köcheln Sie die Mischung langsam, dabei gelegentlich mit einem Silikonspatel rühren, bis beide Zutaten geschmolzen sind und eine homogene Masse entstanden ist. Die Masse sollte goldgelb und klebrig sein. Die Farbe bestimmt, ob der Karamell fertig ist oder nicht: Gold ist die perfekte Farbe, während heller oder dunkler als Gold bedeutet, dass die Masse entweder noch weiter köcheln muss oder etwas zu lang gekocht hat.

- Geben Sie die Sahne, Karamell, Salz den Kristall- sowie den Traubenzucker in eine Schüssel. Schlagen Sie die Masse mit einem Handrührgerät etwa 2 Min., bis die Textur von Schlagsahne erreicht ist.
- Geben Sie die Milch in einen Topf und fügen Sie die Sahnemasse hinzu. Verrühren Sie die beiden Zutaten vorsichtig und langsam mit einem Silikonspatel, dabei auch das Johannisbrotkern- oder Carobpulver sowie das Magermilchpulver unterrühren.
- Den Topf nun auf dem Herd auf 85 °C erhitzen und die in Stücke gebrochene Schokolade mit dem Silikonspatel unterrühren. Weiter auf 92 °C erhitzen. Ist die Temperatur erreicht, sofort von der Platte ziehen und auf Raumtemperatur abkühlen lassen.
- Die Masse in die Eismaschine geben, und die Maschine einschalten. Das Eis ist servierfertig, wenn es »trocken« wirkt, also nicht mehr nass oder feucht aussieht. Das dauert etwa 40–50 Min. Schaben Sie das Eis mit einem flexiblen Spatel aus der Maschine, und servieren Sie es entweder sofort oder frieren Sie es in einer Gefrierbox mit Deckel ein.

Cioccolato fondente con Baileys

Dunkles Schokoladeneis mit Baileys

Baileys, dieser irische Likör aus Sahne, Kakao und irischem Whiskey, erfreut sich weltweit größter Beliebtheit. Italiener trinken ihn gern als Begleitung zu einem Stück Kuchen oder leckerem Dessert. Und unser Schokoladeneis mit Baileys ist eine Delikatesse.

Ergibt etwa 500 g bzw. 4 Portionen

30 g Schokoladendrops (vorzugsweise 70% Kakaoanteil, Mono-Herkunft Venezuela)
5 g Bio-Kakaobutter
40 g Baileys
85 g Sahne (mind. 35% Fett, vorzugsweise Bio)
25 ml frisch gebrühter abgekühlter starker Kaffee der Sorte Arabica
85 g Kristallzucker
25 g Dextrose
250 ml Vollmilch (mind. 3,5% Fett, vorzugsweise Bio)
20 g Eigelb (1 Eigelb, Größe L, vorzugsweise Bio)
1 g Johannisbrotkern- oder Carobpulver
10 g Inulin

- Geben Sie die Schokoladendrops und die Kakaobutter in einen Topf. Diesen auf einen Induktionsherd bei 60 °C (keinesfalls wärmer, sonst brennt die Schokolade an) und verrühren Sie die Zutaten langsam mit einem Holzlöffel. Wenn beide Zutaten vollständig kombiniert sind, ist Ihre Schokoladensauce fertig, beiseitestellen.
- Geben Sie den Baileys, die Sahne, den Kaffee, das Eigelb und den Kristall- sowie den Traubenzucker in eine Schüssel. Schlagen Sie die Masse mit einem Handrührgerät etwa 2 Min., bis eine homogene Masse entstanden ist.
- Geben Sie die Milch in einen Topf und fügen Sie die Sahnemasse hinzu. Verrühren Sie die Zutaten vorsichtig und langsam mit einem Silikonspatel, dabei auch Johannisbrotkern- oder Carobpulver, Inulin sowie die Schokoladensauce unterrühren.
- Den Topf nun auf dem Herd auf 85 °C erhitzen. Ist die Temperatur erreicht, sofort von der Platte ziehen und auf Raumtemperatur abkühlen lassen.
- Die Masse in die Eismaschine geben, und die Maschine einschalten. Das Eis ist servierfertig, wenn es »trocken« wirkt, also nicht mehr nass oder feucht aussieht. Das dauert etwa 40–50 Min. Schaben Sie das Eis mit einem flexiblen Spatel aus der Maschine und servieren Sie es entweder sofort oder frieren Sie es in einer Gefrierbox mit Deckel ein.

Cioccolato napoletano

Neapolitanisches Schokoladeneis

Dieses Rezept ist eine köstliche Mischung aus Kaffee und Schokolade. Beide haben einen starken eigenständigen Geschmack und ergänzen sich wunderbar. Der Kick des Kaffees kombiniert mit den von der Schokolade freigesetzten Endorphinen wird Ihnen einen glücklichen Tag bescheren.

Ergibt etwa 500 g bzw. 4 Portionen

100 g Sahne (mind. 35% Fett, vorzugsweise Bio)
70 g Kristallzucker
30 g Traubenzucker (Dextrose)
250 ml Vollmilch (mind. 3,5% Fett, vorzugsweise Bio)
Fettgehalt von 22–24%)
1 g Johannisbrotkern- oder Carobpulver
10 ml frisch gebrühter abgekühlter starker Kaffee der Sorte Arabica (vorzugsweise Bio mit einem Fettgehalt von 10–12%, der optimal ist für Seidigkeit und Geschmack des Gelato)
25 g Kakaopulver (vorzugsweise Bio mit einem
20 g Magermilchpulver

- Geben Sie die Sahne, den Kristall- sowie den Traubenzucker in eine Schüssel. Schlagen Sie die Masse mit einem Handrührgerät etwa 2 Min., bis die Textur von Schlagsahne erreicht ist.
- Geben Sie die Milch in einen Topf und fügen Sie die Sahnemasse hinzu. Verrühren Sie die beiden Zutaten nun vorsichtig und langsam mit einem Silikonspatel, dabei auch das Johannisbrotkern- oder Carobpulver sowie den Kaffee, das Kakao- und Magermilchpulver unterrühren.
- Den Topf nun auf dem Herd auf 92 °C erhitzen. Ist die Temperatur erreicht, sofort von der Platte ziehen und auf Raumtemperatur abkühlen lassen.
- Die Masse in die Eismaschine geben, und die Maschine einschalten. Das Eis ist servierfertig, wenn es »trocken« wirkt, also nicht mehr nass oder feucht aussieht. Das dauert etwa 40–50 Min. Schaben Sie das Eis mit einem flexiblen Spatel aus der Maschine, und servieren Sie es entweder sofort oder frieren Sie es in einer Gefrierbox mit Deckel ein.

alla spiaggia

VOGEL
l'uccello
BIRD

Frutta rossa
MAGGIO
P.ZA S. FELICE
BORGO
P.ZA S. SPIRITO
V. MAZZETTA
VIA MAFFIA
S. AGOSTINO
VIA DEI SERRAGLI
CHIESA
CAMPUCCIO
P.ZA D. CARMINE
VIA DEI SERRAGLI
S. MONACA
P.ZA D. CARMINE

Sorbetti e gelati alla frutta

Sorbets und Fruchteis

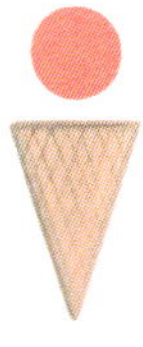

Sorbetto ai frutti rossi

Rotes Beerensorbet

Mit diesem Rezept können Sie hervorragende rote Sorbets herstellen. Die roten Beeren zeichnen sich durch einen Fruchtzuckergehalt von weniger als 10% aus. Sie erhalten ein wirklich exquisites Sorbet, lecker, nicht zu süß und leicht zu verteilen. Ich empfehle dieses Rezept speziell für die folgenden Früchte: Erdbeere, Himbeere, Blaubeere, Brombeere und Johannisbeere. Selbst eine Mischung Ihrer Wahl dieser Früchte liefert hervorragende Ergebnisse.

Ergibt etwa 500 g bzw. 4 Portionen

250 g geputzte und gehackte rote Beeren
5 ml frisch gepresster Zitronensaft
110 ml kaltes Wasser
100 g Kristallzucker
30 g Traubenzucker (Dextrose)
5 g Inulin
1 g Tarakernmehl

- Geben Sie die gehackten Beeren und den Zitronensaft in das kalte Wasser und rühren Sie solange, bis alles gut vermischt ist.
- Die Masse in einen Standmixer schütten und 2 Min. bei mittlerer Geschwindigkeit laufen lassen, bis Sie ein flüssiges Püree erhalten haben.
- Gießen Sie das Püree in einen Topf, und rühren Sie Kristall- und Traubenzucker, Inulin sowie Tarakernmehl sorgfältig mit einem Silikonlöffel langsam in das Püree.
- Den Topf nun auf dem Herd auf 40 °C erhitzen. Ist die Temperatur erreicht, sofort von der Platte ziehen und auf Raumtemperatur abkühlen lassen.
- Die Masse in die Eismaschine geben, und die Maschine einschalten. Das Sorbet ist servierfertig, wenn es »trocken« wirkt, also nicht mehr nass oder feucht aussieht. Das dauert 40–50 Min. Schaben Sie das Sorbet mit einem Eisportionierer aus der Maschine, und servieren Sie es entweder sofort oder frieren Sie es in einer Gefrierbox mit Deckel ein.

Sorbetto al mango

Mangosorbet

Tropisch, erfrischend, sommerlich und süß. Mango gehört zu den Top 10 der beliebtesten Früchte weltweit! Ihr reiches Fruchtfleisch, ihre glatte Textur, ihr volles Aroma und ihre wunderschöne Farbe ergeben ein sensationelles Sorbetto für alle Sinne.

Ergibt etwa 500 g bzw. 4 Portionen

250 g gehacktes Mangofruchtfleisch
5 ml frisch gepresster Zitronensaft
125 ml kaltes Wasser
100 g Kristallzucker
25 g Traubenzucker (Dextrose)
1 g Tarakernmehl

- Geben Sie das gehackte Mangofruchtfleisch und den Zitronensaft in das kalte Wasser und rühren Sie solange, bis alles gut vermischt ist.
- Die Masse in einen Standmixer schütten und 2 Min. bei mittlerer Geschwindigkeit laufen lassen, bis Sie ein flüssiges Püree erhalten haben.
- Gießen Sie das Püree in einen Topf, und rühren Sie Kristall- und Traubenzucker sowie Tarakernmehl sorgfältig mit einem Silikonlöffel langsam in das Püree.
- Den Topf nun auf dem Herd auf 40 °C erhitzen. Ist die Temperatur erreicht, sofort von der Platte ziehen und auf Raumtemperatur abkühlen lassen.
- Die Masse in die Eismaschine geben, und die Maschine einschalten. Das Sorbet ist servierfertig, wenn es »trocken« wirkt, also nicht mehr nass oder feucht aussieht. Das dauert 40–50 Min. Schaben Sie das Sorbet mit einem Eisportionierer aus der Maschine, und servieren Sie es entweder sofort oder frieren Sie es in einer Gefrierbox mit Deckel ein.

Sorbetto al limone con basilico

Zitronensorbet mit Basilikum

Zitrone vermittelt ein Gefühl von Frische, Leichtigkeit, und – Sommer! Unsere Zitronen kommen direkt von der Amalfiküste und liefern die Farben und Aromen des Landstrichs: lebendiges Gelb, kraftvoller Geschmack, fesselnder Duft, und der Basilikum bewirkt ein reinigendes Finish für Ihren Gaumen … aufregend!

Ergibt etwa 500 g bzw. 4 Portionen

25 g Basilikumblätter
215 ml kaltes Wasser
125 ml frisch gepresster Zitronensaft
130 g Kristallzucker
20 g Traubenzucker (Dextrose)
1 g Tarakernmehl
10 g Inulin

Am Vortag:

- 24 Stunden vor Zubereitung des Sorbets geben Sie die Basilikumblätter in das kalte Wasser und lassen sie im Kühlschrank abgedeckt 24 Stunden ruhen. Wenn das zeitlich nicht mgl. ist, lassen Sie die Blätter aber mind. 6 Std. ziehen. Die »Kalt-Infusion«, die Sie nach 24 Std. erhalten, hat einfach mehr Aroma, als eine »Heiß-Infusion«.

Am nächsten Tag:

- Zitronen auspressen, die Kerne entsorgen, Saft und Fruchtfleisch zum Basilikumwasser geben und gut verrühren.
- Die Masse in einen Standmixer schütten und 2 Min. bei mittlerer Geschwindigkeit laufen lassen, bis sich alles gut vermischt hat.
- Gießen Sie Flüssigkeit in einen Topf, und rühren Sie Kristall- und Traubenzucker sowie Tarakernmehl und Inulin sorgfältig mit einem Silikonlöffel langsam unter.
- Den Topf nun auf dem Herd auf 40 °C erhitzen. Ist die Temperatur erreicht, sofort von der Platte ziehen und auf Raumtemperatur abkühlen lassen.
- Die Masse in die Eismaschine geben, und die Maschine einschalten. Das Sorbet ist servierfertig, wenn es »trocken« wirkt, also nicht mehr nass oder feucht aussieht. Das dauert etwa 40–50 Min. Schaben Sie das Sorbet mit einem Eisportionierer aus der Maschine, und servieren Sie es entweder sofort oder frieren Sie es in einer Gefrierbox mit Deckel ein.

Sorbetto alla banana

Bananensorbet

Bananen sind natürliche Kaliumquellen und reich an Nährwerten. Die Cremigkeit dieses Sorbets lässt den Genießer eher an ein hauchzartes Gelato denn an ein Sorbetto denken. Dieses Bananensorbet kombiniert mit einer Kugel Dunklem Schokoldeneis (s. S. 72) ist einfach göttlich!

Ergibt etwa 500 g bzw. 4 Portionen

250 g Bananen, in Stückchen
125 ml kohlensäurehaltiges Mineralwasser
5 ml frisch gepresster Zitronensaft
100 g Kristallzucker
25 g Traubenzucker (Dextrose)
1 g Tarakernmehl

- Geben Sie gehackten die Bananenstückchen, das Mineralwasser und den Zitronensaft in eine Schüssel und rühren Sie solange, bis alles gut vermischt ist.
- Die Masse in einen Standmixer schütten und 2 Min. bei mittlerer Geschwindigkeit laufen lassen, bis Sie ein flüssiges Püree erhalten haben.
- Gießen Sie das Püree in einen Topf, und rühren Sie Kristall- und Traubenzucker sowie Tarakernmehl sorgfältig mit einem Silikonlöffel in das Püree.
- Den Topf nun auf dem Herd auf 40 °C erhitzen. Ist die Temperatur erreicht, sofort von der Platte ziehen und auf Raumtemperatur abkühlen lassen.
- Die Masse in die Eismaschine geben, und die Maschine solange rühren lassen, bis die Masse undurchsichtig geworden ist. Das dauert 40–50 Min. Schaben Sie das Sorbet mit einem Eisportionierer aus der Maschine, und servieren Sie es entweder sofort oder frieren Sie es in einer Gefrierbox mit Deckel ein.

Gelato al limoncello

Limoncelloeis

Delizioso Limoncello! Der italienische Likör wird aus den ätherischen Ölen der Zitronenschale mit Alkohol extrahiert und dann mit einer Wasser-Zucker-Lösung verdünnt. Er hat einen Alkoholgehalt von etwa 30%. Er wird eiskalt serviert und hauptsächlich als Digestif, also nach dem Essen, getrunken. Wenn Sie Ihr eigenes Gelato mit Limoncello zubereiten, erhalten Sie ein erfrischendes Dessert, das jedes Völlegefühl nach dem Essen vertreibt.

Ergibt etwa 500 g bzw. 4 Portionen

130 g Sahne (mind. 35% Fett, vorzugsweise Bio)
125 ml Vollmilch (mind. 3,5% Fett, vorzugsweise Bio)
100 ml kaltes Wasser
50 g Kristallzucker
1 g Johannisbrotkern- oder Carobpulver
35 g Maisstärke
25 g Magermilchpulver
35 ml Limoncello

- Geben Sie die Sahne, Milch, das Wasser sowie den Kristallzucker in eine Schüssel. Schlagen Sie die Masse mit einem Handrührgerät etwa 2 Min., bis die Textur von Schlagsahne erreicht ist.
- Geben Sie die Masse in einen Topf und rühren Sie nun vorsichtig und langsam mit einem Silikonspatel, das Johannisbrotkern- oder Carobpulver, Maisstärke sowie das Magermilchpulver unter.
- Den Topf nun auf dem Herd auf 85 °C erhitzen. Ist die Temperatur erreicht, sofort von der Platte ziehen und auf Raumtemperatur abkühlen lassen.
- Die Masse in die Eismaschine geben, nun auch den Limoncello angießen, und die Maschine einschalten. Das Eis ist servierfertig, wenn es »trocken« wirkt, also nicht mehr nass oder feucht aussieht. Das dauert etwa 40–50 Min. Schaben Sie das Eis mit einem flexiblem Spatel aus der Maschine, und servieren Sie es entweder sofort oder frieren Sie es in einer Gefrierbox mit Deckel ein.

Sorbetto limone e zenzero

Zitronen-Ingwer-Sorbet

Der grundlegende Unterschied zwischen Gelato und Sorbetto besteht darin, dass Gelato die Fette von Milch, Sahne, Eiern sowie die Fette der für die Eissorte charakteristischen Zutaten enthält, etwa von Nüssen, Schokolade etc. Sorbetto hingegen, das immer auf Wasser basiert, hat diese Fette nicht, deshalb fühlt es sich am Gaumen kälter an und ist insgesamt leichter, daher wird es auch gern als Zwischengang während eines Menüs serviert.

Ergibt etwa 500 g bzw. 4 Portionen

25 g geschälter Ingwer
260 ml kaltes Wasser
50 ml frisch gepresster Zitronensaft
130 g Kristall- oder Rohrzucker
20 g Traubenzucker (Dextrose)
10 g Inulin
1 g Tarakernmehl

Am Vortag:

- 24 Stunden vor Zubereitung des Sorbets hacken Sie den Ingwer mittelfein, geben ihn in das kalte Wasser und lassen ihn im Kühlschrank abgedeckt 24 Stunden ruhen. Wenn das zeitlich nicht mgl. ist, lassen Sie den Ingwer aber mind. 6 Std. ziehen. Die »Kalt-Infusion«, die Sie nach 24 Std. erhalten, hat einfach mehr Aroma, als eine »Heiß-Infusion«.

Am nächsten Tag:

- Zitronen auspressen, die Kerne entsorgen, Saft und Fruchtfleisch zum Ingwerwasser geben.
- Die restlichen Zutaten in einer Schüssel mit einem Löffel gründlich vermengen. Mit dem Ingwer-Zitronen-Wasser in einen Standmixer geben und mind. 3 Min. auf mittlerer Stufe pürieren.
- Die Mischung dann in einen Topf geben und auf 40 °C erhitzen. Sofort vom Herd ziehen und auf Raumtemperatur abkühlen lassen.
- Die Masse in die Eismaschine geben, und die Maschine solange rühren lassen, bis die Masse undurchsichtig geworden ist. Das dauert etwa etwa 35 Min. Schaben Sie das Sorbet mit einem Eisportionierer aus der Maschine, und servieren Sie es entweder sofort oder frieren Sie es in einer Gefrierbox mit Deckel ein.

Sorbetto al lampone e rosmarino

Himbeersorbet mit Rosmarin

Ein süß-saures Sorbet, mit einer zart erfrischenden Note, das den Durst stillt! Dies Sorbet bietet sich aber nicht nur als Dessert an, sondern schmeckt auch sehr gut als Beilage zu Käse, dekoriert mit einem kleinen Rosmarinzweig oder einfach zu einem Croissant.

Ergibt etwa 500 g bzw. 4 Portionen

10 g Rosmarinnadeln
110 ml kaltes Wasser
250 g Himbeeren, gehackt
5 ml frisch gepresster Zitronensaft
100 g Kristallzucker
30 g Traubenzucker (Dextrose)
5 g Inulin
1 g Tarakernmehl

Am Vortag:

- Geben Sie den Rosmarin in das kalte Wasser und lassen Sie ihn 24 Std. im Kühlschrank abgedeckt ziehen. Wenn das zeitlich nicht mgl. ist, lassen Sie den Rosmarin aber mind. 6 Std. ziehen. Die »Kalt-Infusion«, die Sie nach 24 Std. erhalten, hat einfach mehr Aroma, als eine »Heiß-Infusion«.

Am nächsten Tag:

- Geben Sie die gehackten Beeren und den Zitronensaft in das kalte Rosmarin-Wasser und rühren Sie solange, bis alles gut vermischt ist.
- Die Masse in einen Standmixer schütten und 2 Min. bei mittlerer Geschwindigkeit laufen lassen, bis Sie ein flüssiges Püree erhalten haben.
- Gießen Sie das Püree in einen Topf, und rühren Sie Kristall- und Traubenzucker, Inulin sowie Tarakernmehl sorgfältig mit einem Silikonlöffel in das Püree.
- Den Topf nun auf dem Herd auf 40 °C erhitzen. Ist die Temperatur erreicht, sofort von der Platte ziehen und auf Raumtemperatur abkühlen lassen.
- Die Masse in die Eismaschine geben, und die Maschine solange rühren lassen, bis die Masse undurchsichtig geworden ist. Das dauert 40–50 Min. Schaben Sie das Sorbet mit einem Eisportionierer aus der Maschine, und servieren Sie es entweder sofort oder frieren Sie es in einer Gefrierbox mit Deckel ein.

Gelato alla mela e cannella

Apfel-Zimt-Eis

Die Aromen eines Apfelstrudels in einer Kugel Gelato: Einfach eine große Kugel in eine schöne Tasse geben, mit ein wenig Zimtpulver bestäuben, und schon haben Sie ein fantastisches Dessert kreiert. Zimt ist nicht nur köstlich, sondern gilt auch als sehr gesundes Gewürz. So kann er etwa den Blutzuckerspiegel sowie Risikofaktoren für Herzkrankheiten senken. Außerdem setzt er Serotonin frei, was die Stimmung verbessert und uns gelassener durchs Leben gehen lässt.

Ergibt etwa 500 g bzw. 4 Portionen

10 g gutes Zimtpulver
110 ml kaltes Wasser
250 g geschälte und gehackte Apfelstückchen
5 g frisch gepresster Zitronensaft
100 g Kristallzucker
30 g Traubenzucker (Dextrose)
5 g Inulin
1 g Tarakernmehl

Am Vortag:

- Rühren Sie das Zimtpulver in das kalte Wasser und lassen Sie es 24 Std. im Kühlschrank abgedeckt ziehen. Wenn das zeitlich nicht mgl. ist, lassen Sie den Zimt aber mind. 6 Std. ziehen. Die »Kalt-Infusion«, die Sie nach 24 Std. erhalten, hat einfach mehr Aroma, als eine »Heiß-Infusion«.

Am nächsten Tag:

- Geben Sie gehackten die Afelstückchen und den Zitronensaft in das kalte Zimt-Wasser und rühren Sie solange, bis alles gut vermischt ist.
- Die Masse in einen Standmixer schütten und 2 Min. bei mittlerer Geschwindigkeit laufen lassen, bis Sie ein flüssiges Püree erhalten haben.
- Gießen Sie das Püree in einen Topf, und rühren Sie Kristall- und Traubenzucker, Inulin sowie Tarakernmehl sorgfältig mit einem Silikonlöffel in das Püree.
- Den Topf nun auf dem Herd auf 40 °C erhitzen. Ist die Temperatur erreicht, sofort von der Platte ziehen und auf Raumtemperatur abkühlen lassen.
- Die Masse in die Eismaschine geben, und die Maschine solange rühren lassen, bis die Masse undurchsichtig geworden ist. Das dauert 40–50 Min. Schaben Sie das Sorbet mit einem Eisportionierer aus der Maschine, und servieren Sie es entweder sofort oder frieren Sie es in einer Gefrierbox mit Deckel ein.

I SCREAM
you scream
WE ALL
SCREAM
for
ICECREAM

ELA
NARDI NH500
300
ITALIA
G. TOFFOLETTI

Gelati e sorbetti gastronomici
Gourmet-Eis und -Sorbets

Gelato al caramello e sale

Karamell-Salz-Eis

Dieses köstliche Gelato wird Ihre Geschmacksknospen mit ihren süßen und salzigen Armonen überraschen und könnte bald zu Ihrer Lieblingseissorte werden!

Ergibt etwa 500 g bzw. 4 Portionen

- 110 g Sahne (mind. 35% Fett, vorzugsweise Bio)
- 25 g Kristallzucker
- 35 g Traubenzucker (Dextrose)
- 50 g Karamell (s.u.)
- etwa 4 g Meersalz (je nach Gusto)
- 250 ml Vollmilch (mind. 3,5% Fett, vorzugsweise Bio)
- 1 g Johannisbrotkern- oder Carobpulver
- 25 g Magermilchpulver

Für den Karamell

- 10 ml frisch gepresster Zitronensaft
- 50 g Kristallzucker

- **Für den Karamell:**
  Dieses Karamell ist sehr einfach zuzubereiten. Er besteht aus frisch gepresstem Zitronensaft und Zucker. Geben Sie beides in einen kleinen Topf und köcheln Sie die Mischung langsam, dabei gelegentlich mit einem Silikonspatel rühren, bis beide Zutaten geschmolzen sind und eine homogene Masse entstanden ist. Die Masse sollte goldgelb und klebrig sein. Die Farbe bestimmt, ob der Karamell fertig ist oder nicht: Gold ist die perfekte Farbe, während heller oder dunkler als Gold bedeutet, dass die Masse entweder noch weiter köcheln muss oder etwas zu lang gekocht hat.

- Geben Sie die Sahne, den Karamell, Salz, den Kristall- sowie den Traubenzucker in eine Schüssel. Schlagen Sie die Masse mit einem Handrührgerät etwa 2 Min., bis die Textur von Schlagsahne erreicht ist.
- Geben Sie die Milch in einen Topf und fügen Sie die Sahnemasse hinzu. Verrühren Sie die beiden Zutaten vorsichtig und langsam mit einem Silikonspatel, dabei auch das Johannisbrotkern- oder Carobpulver sowie das Magermilchpulver unterrühren.
- Den Topf nun auf dem Herd auf 85 °C erhitzen. Ist die Temperatur erreicht, sofort von der Platte ziehen und auf Raumtemperatur abkühlen lassen.
- Die Masse in die Eismaschine geben, und die Maschine einschalten. Das Eis ist servierfertig, wenn es »trocken« wirkt, also nicht mehr nass oder feucht aussieht. Das dauert etwa 40–50 Min. Schaben Sie das Eis mit einem flexiblen Spatel aus der Maschine, und servieren Sie es entweder sofort oder frieren Sie es in einer Gefrierbox mit Deckel ein.

Sorbetto al frutto della passione con menta e zenzero

Passionsfruchtsorbet mit Minze und Ingwer

Eine erfrischende Alternative zum Zitronensorbet, die uns an Sommer und Ferien an exotischen Orten denken lässt. Sie können dies Sorbet einfach in einer Tasse mit einem knusprigen Keks servieren oder mit frischem Obst oder in Ihrem Milchshake …

Ergibt etwa 500 g bzw. 4 Portionen

25 g gehackten Ingwer
25 g gehackte Minzblättchen
160 ml kaltes Wasser
200 g Passionsfrucht (Samen und Fruchtfleisch)
120 g Kristallzucker
15 g Traubenzucker (Dextrose)
1 g Tarakernmehl
10 g Inulin

Am Vortag:

- 24 Stunden vor Zubereitung des Gelato geben Sie den gehackten Ingwer und die gehackten Minzblättchen in das kalte Wasser und lassen sie im Kühlschrank abgedeckt 24 Stunden ruhen. Wenn das zeitlich nicht mgl. ist, lassen Sie sie aber mind. 6 Std. ziehen. Die »Kalt-Infusion«, die Sie nach 24 Std. erhalten, hat einfach mehr Aroma, als eine »Heiß-Infusion«.

Am nächsten Tag:

- Geben Sie die Passionsfruchtmasse in das Ingwer-Minz-Wasser und rühren Sie solange, bis alles gut vermischt ist.
- Die Masse in einen Standmixer schütten und 2 Min. bei mittlerer Geschwindigkeit laufen lassen, bis Sie ein flüssiges Püree erhalten haben.
- Gießen Sie das Püree in einen Topf, und rühren Sie Kristall- und Traubenzucker sowie Tarakernmehl sorgfältig mit einem Silikonlöffel langsam in das Püree.
- Den Topf nun auf dem Herd auf 40 °C erhitzen. Ist die Temperatur erreicht, sofort von der Platte ziehen und auf Raumtemperatur abkühlen lassen.
- Die Masse in die Eismaschine geben, und die Maschine einschalten. Das Sorbet ist servierfertig, wenn es »trocken« wirkt, also nicht mehr nass oder feucht aussieht. Das dauert etwa 40–50 Min. Schaben Sie das Sorbet mit einem Eisportionierer aus der Maschine, und servieren Sie es entweder sofort oder frieren Sie es in einer Gefrierbox mit Deckel ein.

Gelato alla cheesecake con amarene

Cheesecakeeis mit Amarenakirschen

Dieses Rezept kann, ähnlich wie das Ricottaeis mit den karamelliserten Feigen von der Seite gegenüber, als perfektes Dessert angesehen werden, um Ihre Gäste zu besonderen Anlässen zu verwöhnen! Das Gelato ist reichhaltig, hat eine seidige Textur und füllt Ihren Mund mit einer wahren Geschmacksexplosion, wobei die Amarenakirschen in Sirup sozusagen das Tüpfelchen auf dem i darstellen.

Ergibt etwa 500 g bzw. 4 Portionen

260 ml Vollmilch (mind. 3,5% Fett, vorzugsweise Bio)
90 g Frischkäse (Philadelphia)
30 g Mascarpone
60 g Kristallzucker
40 g Traubenzucker (Dextrose)
1 g Johannisbrotkern- oder Carobpulver
20 g Magermilchpulver
einige Löffel Amarenakirschen in Sirup nach Gusto

- Geben Sie die Sahne, den Philadelphia und Mascarpone, den Kristall- sowie den Traubenzucker in eine Schüssel. Schlagen Sie die Masse mit einem Handrührgerät etwa 2 Min., bis die Textur von Schlagsahne erreicht ist.
- Geben Sie die Masse in einen Topf und rühren Sie vorsichtig und langsam mit einem Silikonspatel das Johannisbrotkern- oder Carobpulver sowie das Magermilchpulver unter.
- Den Topf nun auf dem Herd auf 85 °C erhitzen. Ist die Temperatur erreicht, sofort von der Platte ziehen und auf Raumtemperatur abkühlen lassen.
- Die Masse in die Eismaschine geben, und die Maschine einschalten. Das Eis ist servierfertig, wenn es »trocken« wirkt, also nicht mehr nass oder feucht aussieht. Das dauert etwa 40–50 Min. Das ist dann genau der Moment, an dem Sie die Amarenakirschen in die Eismaschine geben, kurz mischen lassen und fertig. Schaben Sie das Eis mit einem flexiblen Spatel aus der Maschine, und servieren Sie es entweder sofort oder frieren Sie es in einer Gefrierbox mit Deckel ein.

Gelato alla ricotta e variegate ai fichi caramellati, cacao e cannella

Ricottaeis mit karamellisierten Feigen, Kakao und Zimt

Dies ist, neben unserem geliebten Pistazieneis, wohl die beliebteste Eissorte der treuen Fans von *Massimo Gelato*; die Cremigkeit der Milchzutaten harmoniert aufs Schönste mit den Aromen der italienischen Feigenkonfitüre. So ergeben die Wärme und Schärfe des Zimts sowie der Reichtum und die Fülle des Kakaos vereint mit der Süße der karamellisierten Feigen eine einzigartige Kombination von perfekter Harmonie.

Ergibt etwa 500 g bzw. 4 Portionen

60 g Sahne (mind. 35% Fett, vorzugsweise Bio)
130 g Ricotta
55 g Kristallzucker
45 g Traubenzucker (Dextrose)
180 ml Vollmilch (mind. 3,5% Fett, vorzugsweise Bio)
1 g Johannisbrotkern- oder Carobpulver
30 g Magermilchpulver
einige Löffel der italienischen Konfitüre bestehend aus karamellisierten Feigen, Kakao und Zimt

- Geben Sie die Sahne, den Ricotta, den Kristall- sowie den Traubenzucker in eine Schüssel. Schlagen Sie die Masse mit einem Handrührgerät etwa 2 Min., bis die Textur von Schlagsahne erreicht ist.
- Geben Sie die Milch in einen Topf und fügen Sie die Sahnemasse hinzu. Verrühren Sie die beiden Zutaten vorsichtig und langsam mit einem Silikonspatel, dabei auch das Johannisbrotkern- oder Carobpulver sowie das Magermilchpulver unterrühren.
- Den Topf nun auf dem Herd auf 85 °C erhitzen. Ist die Temperatur erreicht, sofort von der Platte ziehen und auf Raumtemperatur abkühlen lassen.
- Die Masse in die Eismaschine geben, und die Maschine einschalten. Das Eis ist servierfertig, wenn es »trocken« wirkt, also nicht mehr nass oder feucht aussieht. Das dauert etwa 40–50 Min. Das ist dann genau der Moment, an dem Sie einige Löffel der italienischen Feigenkonfitüre in die Eismaschine geben, kurz mischen lassen und fertig. Schaben Sie das Eis mit einem flexiblen Spatel aus der Maschine, und servieren Sie es entweder sofort oder frieren Sie es in einer Gefrierbox mit Deckel ein.

Gelato al cioccolato al latte con marmellata di arancia

Milchschokoladeneis mit italienischer Orangenkonfitüre

Je sonnenverwöhnter die Orangen sind, desto besser ist ihr Aroma. Für mich sind Bio-Orangen aus Sizilien die allerbesten. Sie sind einer starken Sonneneinstrahlung ausgesetzt und wachsen in dem typischen süditalienschen Lehmboden, der für seine Mineralien und Nährstoffe berühmt ist.

Ergibt etwa 500 g bzw. 4 Portionen

15 g abgeriebene Orangenschale (3 TL)
100 g Sahne (mind. 35% Fett, vorzugsweise Bio)
70 g Kristallzucker
40 g Traubenzucker (Dextrose)
240 ml Vollmilch (mind. 3,5% Fett, vorzugsweise Bio)
1 g Johannisbrotkern- oder Carobpulver
30 g Kakaopulver (vorzugsweise Bio mit einem Fettgehalt von 10–12%, der optimal ist für Seidigkeit und Geschmack des Gelato)
20 g Magermilchpulver
einige Löffel süße italienische Orangenkonfitüre nach Gusto

Am Vortag:

- 24 Stunden vor Zubereitung des Sorbets geben Sie die abgeriebene Orangenschale in die Sahne und lassen sie im Kühlschrank abgedeckt 24 Stunden ruhen. Wenn das zeitlich nicht mgl. ist, lassen Sie den Abrieb aber mind. 6 Std. ziehen. Die »Kalt-Infusion«, die Sie nach 24 Std. erhalten hat einfach mehr Aroma, als eine »Heiß-Infusion«.

Am nächsten Tag:

- Geben Sie die Orangensahne, den Kristall- sowie den Traubenzucker in eine Schüssel. Schlagen Sie die Masse mit einem Handrührgerät etwa 2 Min., bis die Textur von Schlagsahne erreicht ist.
- Geben Sie die Milch in einen Topf und fügen Sie die Sahnemasse hinzu. Verrühren Sie die beiden Zutaten vorsichtig und langsam mit einem Silikonspatel, dabei auch das Johannisbrotkern- oder Carobpulver sowie das Kakao- und das Magermilchpulver unterrühren.
- Den Topf nun auf dem Herd auf 92 °C erhitzen. Ist die Temperatur erreicht, sofort von der Platte ziehen und auf Raumtemperatur abkühlen lassen.
- Die Masse in die Eismaschine geben, und die Maschine einschalten. Das Eis ist servierfertig, wenn es »trocken« wirkt, also nicht mehr nass oder feucht aussieht. Das dauert etwa 40–50 Min. Das ist dann genau der Moment, an dem Sie die Orangenkonfitüre in die Eismaschine geben, kurz mischen lassen und fertig. Schaben Sie das Eis mit einem flexiblen Spatel aus der Maschine, und servieren Sie es entweder sofort oder frieren Sie es in einer Gefrierbox mit Deckel ein.

Gelato alle olive taggiasche

Oliveneis

Wir Ligurier sind wirklich stolz auf unsere Taggiasca-Oliven: Sie sind einzigartig köstlich, saftig, säurearm – ja, fast süßlich. Dieses Gourmet-Gelato passt wunderbar auf eine warme Focaccia, die mit sonnengetrockneten Tomaten belegt ist, aber bildet natürlich auch ein perfektes Digestiv am Ende einer reichhaltigen Mahlzeit. Probieren Sie es einfach aus.

Ergibt etwa 500 g bzw. 4 Portionen

- 20 g feingehackte Taggiasca-Oliven ohne Kern
- 90 g Sahne (mind. 35% Fett, vorzugsweise Bio)
- 8 g extra natives Olivenöl (2 TL)
- 270 ml Vollmilch (mind. 3,5% Fett, vorzugsweise Bio)
- 60 g Kristallzucker
- 30 g Traubenzucker (Dextrose)
- 1 g Johannisbrotkern- oder Carobpulver
- 20 g Magermilchpulver
- 1 Prise Salz

- Geben Sie die Sahne, feingehackten Oliven, das Olivenöl den Kristall- sowie den Traubenzucker in eine Schüssel. Schlagen Sie die Masse mit einem Handrührgerät etwa 2 Min., bis die Textur von Schlagsahne erreicht ist.
- Geben Sie die Milch in einen Topf und fügen Sie die Sahnemasse hinzu. Verrühren Sie die beiden Zutaten vorsichtig und langsam mit einem Silikonspatel, dabei auch das Johannisbrotkern- oder Carobpulver sowie das Magermilchpulver und eine Prise Salz unterrühren.
- Den Topf nun auf dem Herd auf 60 °C erhitzen. Ist die Temperatur erreicht, sofort von der Platte ziehen und auf Raumtemperatur abkühlen lassen.
- Die Masse in die Eismaschine geben, und die Maschine einschalten. Das Eis ist servierfertig, wenn es »trocken« wirkt, also nicht mehr nass oder feucht aussieht. Das dauert etwa 40–50 Min. Schaben Sie das Eis mit einem flexiblen Spatel aus der Maschine, und servieren Sie es entweder sofort oder frieren Sie es in einer Gefrierbox mit Deckel ein.

Sorbetto al pomodoro

Tomatensorbet

Für Liebhaber eines herzhaften Sorbets bildet dies die perfekte Kombination aus süß und pikant! Wie eine Bloody-Mary ohne Alkohol kann es als Antipasto oder als Dessert serviert werden, oder einfach als leichter Snack für zwischendurch. Die Tomate ist die Repräsentantin der mediterranen Kultur par excellence! Suchen Sie sich die Tomaten aus, deren Aroma Sie am liebsten mögen.

Ergibt etwa 500 g bzw. 4 Portionen

250 g Tomaten nach Gusto
110 ml kaltes Wasser
25 g Kristallzucker
75 g Traubenzucker (Dextrose)
1 g Tarakernmehl
40 g Inulin

- Geben Sie die gehackten Tomaten in das kalte Wasser und rühren Sie solange, bis alles gut vermischt ist.
- Die Masse in einen Standmixer schütten und 2 Min. bei mittlerer Geschwindigkeit laufen lassen, bis Sie ein flüssiges Püree erhalten haben.
- Gießen Sie das Püree in einen Topf, und rühren Sie Kristall- und Traubenzucker sowie Tarakernmehl und Inulin sorgfältig mit einem Silikonlöffel langsam in das Püree.
- Den Topf nun auf dem Herd auf 40 °C erhitzen. Ist die Temperatur erreicht, sofort von der Platte ziehen und auf Raumtemperatur abkühlen lassen.
- Die Masse in die Eismaschine geben, und die Maschine einschalten. Das Sorbet ist servierfertig, wenn es »trocken« wirkt, also nicht mehr nass oder feucht aussieht. Das dauert etwa 40–50 Min. Schaben Sie das Sorbet mit einem Eisportionierer aus der Maschine, und servieren Sie es entweder sofort oder frieren Sie es in einer Gefrierbox mit Deckel ein.

Gelato al formaggio

Käseeis

Überraschen Sie Ihre Gäste mit dieser Käsesensation! Sie selbst bestimmen, welchen Käse Sie wählen: sei es ein cremiger Gorgonzola, ein salziger Parmesan oder zarter Ricotta – Sie entscheiden ganz nach Gusto. Sie können diese Eiskreation sowohl als Antipasto – eine kalte Kugel Gelato auf einer warmen Focacciascheibe – wie auch als Dessert servieren. Ihrer Kreativität sind keine Grenzen gesetzt!

Ergibt etwa 500 g bzw. 4 Portionen

75 g italienischer Käse, in Stückchen (s.o.)
80 g Sahne (mind. 35% Fett, vorzugsweise Bio)
1 Prise Salz
50 g Kristallzucker
30 g Traubenzucker (Dextrose)
250 ml Vollmilch (mind. 3,5% Fett, vorzugsweise Bio)
1 g Johannisbrotkern- oder Carobpulver
15 g Magermilchpulver

- Geben Sie die Käsestückchen Ihrer Wahl, die Sahne und den Kristall- sowie den Traubenzucker in eine Schüssel. Schlagen Sie die Masse mit einem Handrührgerät etwa 2 Min., bis Sie eine homogene Masse haben.
- Geben Sie die Milch in einen Topf und fügen Sie die Sahnemasse hinzu. Verrühren Sie die beiden Zutaten vorsichtig und langsam mit einem Silikonspatel, dabei auch das Johannisbrotkern- oder Carobpulver sowie das Magermilchpulver unterrühren.
- Den Topf nun auf dem Herd auf 60 °C erhitzen. Ist die Temperatur erreicht, sofort von der Platte ziehen und auf Raumtemperatur abkühlen lassen.
- Die Masse in die Eismaschine geben, und die Maschine einschalten. Das Eis ist servierfertig, wenn es »trocken« wirkt, also nicht mehr nass oder feucht aussieht. Das dauert etwa 40–50 Min. Schaben Sie das Eis mit einem flexiblen Spatel aus der Maschine, und servieren Sie es entweder sofort oder frieren Sie es in einer Gefrierbox mit Deckel ein.

cannucce pieghevoli

GELATO
MAKES US
happy
happy!

GELATO!
GELATO!

Anhang

Die Geheimnisse der Eismacher

Wenn mich jemand fragt, was das Geheimnis von Speiseeis ist, werde ich antworten: Das Geheimnis ist, dass es uns glücklich macht.

Die Quelle dieser Freude ist nichts als eine einfache Mischung aus festen und flüssigen Substanzen. Diese Substanzen müssen sorgfältig ausgewählt und ausgewogen dosiert werden. Bereiten Sie sich richtig vor, ist Arbeit schon fast erledigt.

Es gibt zwei Aspekte, auf die wir unsere Aufmerksamkeit richten müssen. Der erste ist die Qualität der Zutaten. Milch, Sahne, Eier und Zucker reichen aus, um ein gutes italienisches Sahneeis zuzubereiten, wie ich vorne im Buch bereits ausführlich erläutert habe (s.S.46). Einfachheit ist eines seiner grundlegenden Merkmale. Diese Einfachheit bedeutet, dass die in den Zutaten enthaltenen Fette ohne Zusatz anderer Fette ausreichen, um die gewünschte Seidigkeit und das gewünschte Aroma zu erzielen.
Der zweite Aspekt ist die Technik. Sie muss sicherstellen, dass die Zutaten gut gemischt, also unter Drehen, Schütteln und Kühlen in italienisches Eis umgewandelt werden. Während des Abkühlvorgangs wird Luft untergemischt. Und diese Luft ist es, die dem Eis seine Seidigkeit und Formbarkeit verleiht.

Wenn wir also zusammenfassen wollen, was italienisches Eis ausmacht, sagen wir einfach, dass es ein Naturprodukt ohne jegliche Zusatzstoffe, ohne Farbstoffe, ohne chemische Emulgatoren, ohne hydrierte Fette oder zugesetzte Fette mit geringem Luftgehalt ist.

Das Cattabriga-Patent

Die ersten »Eismigranten« waren vor dem Ersten Weltkrieg Menschen aus dem Nordosten Italiens, der damals noch zu Österreich-Ungarn gehörte. Sie rührten ihr Eis in doppelwandigen Gefäßen an, deren äußerer Hohlraum mit einem Gemisch von drei Teilen Wasser und einem Teil Salz gefüllt war. Diese kalte Salzlake konnte bis zu −17 °C kalt werden.

Die epochale Veränderung erfolgte mit dem Patent von Otello Cattabriga von 1931 auf eine mechanisierte Eismaschine. Die Eismacher wussten, dass Eis durch gleichzeitiges Drehen, Schütteln und Abkühlen eine besondere cremige Konsistenz erhielt, und das übernahm nun ein elektrischer Motor. Später kam auch noch das elektrische Kühlaggregat dazu.

Cattabrigas Maschine war jedoch nicht die erste Eismaschine, die patentiert wurde. So war in Amerika schon zuvor eine Eismaschine zum Patent angemeldet worden, die jedoch nicht denselben Erfolg hatte.
Dank Cattabriga konnte in großem Stil italienisches Eis mit seinen typischen traditionellen Zutaten produziert werden, und das Eismachen wurde zu einer florierenden italienischen Industrie.
Aus technologischer Sicht sind verschiedene Branchen entstanden, und es wurden große Verbesserungen vorgenommen, um ein immer besseres Produkt zu erzielen.

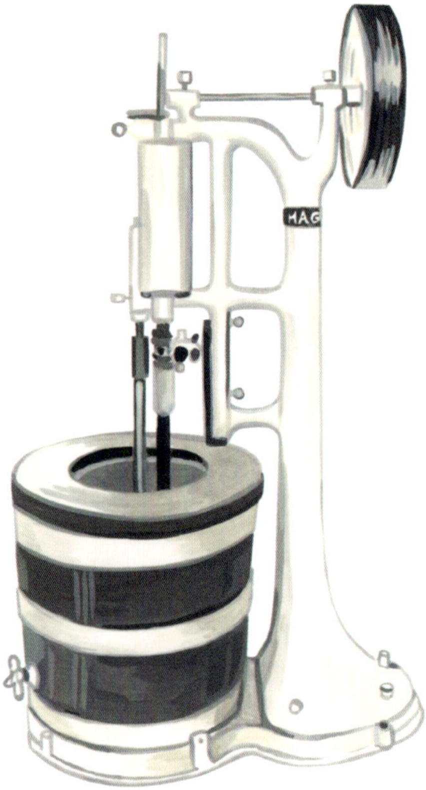

Unterschiedliche Möglichkeiten, Eis zuzubereiten

Hier möchte ich Ihnen erklären, warum Eis mit unterschiedlichen Methoden hergestellt wird.

Die handwerkliche Methode

Wenn ich in eine Stadt komme, in der ich noch nie zuvor war und auf ein Schaufenster mit der Aufschrift »Italienisches Eis« stoße, lese ich oft darunter das Wort *artigianale* – also handwerklich hergestellt.
Genaugenommen bedeutet das Wort handwerklich in diesem Zusammenhang, dass hier jemand die Kunstfertigkeit und die Erfahrung besitzt, um etwas perfekt zu produzieren. Leider gibt es keine objektiven Kriterien, um festzustellen, was handwerkliches Eis ist. Diese Tatsache ermöglicht es daher jedem, die beiden Begriffe handwerkliches Eis und italienisches Eis für sich zu nutzen.
Ich finde allerdings, dass wir nur dann von handwerklich hergestelltem Eis sprechen können, wenn es aus seinen Grundzutaten aufgebaut und nicht aus irgendwelchen Fertigmischungen gemacht wird .
Der echte Eismacher – oder die wahre Eismacherin – kennt die Zutaten genau, weiß, wie sie hergestellt werden und wie sie bei der Verarbeitung behandelt werden müssen; er oder sie kann ein Rezept erstellen, das auf ganz bestimmten Kriterien basiert. Der wahre Eishandwerker kennt keine Abhängigkeit von irgendeiner Art von Industrie. Die echte Eismacherin kann ihr Eis von A bis Z selbst herstellen, ohne so etwas wie einen »gebrauchsfertigen Mixbeutel« zu verwenden.

Ich komme aus Italien, dem Land, in dem es nach Anzahl der Einwohner mehr Eisdielen gibt als irgendwo sonst auf der Welt. Es gibt keine genauen Statistiken, es wird jedoch angenommen, dass nicht mehr als 10% der Eisdielen in Italien wirklich handwerklich arbeiten. Das heißt, das tatsächlich handwerklich hergestelltes Eis leider zu einer knappen Ware geworden ist.

Einer der Gründe, dieses Buch zu schreiben, war für mich, das Bewusstsein für die handwerkliche Qualität zu schärfen und die Verbraucher:innen dadurch kritischer zu machen. Sie sollen »handwerklich hergestelltes« italienisches Gelato nur dort kaufen, wo es wirklich auch hergestellt wird.

Dabei ist es oft hilfreich, wenn wir einen Blick in die Vorbereitungsküche werfen können. In meinen Eisdielen achte ich immer darauf, dass die Küchen gut sichtbar sind, und ich versuche, meinen Kunden auch, das Gefühl zu vermitteln, dort willkommen zu sein. Die Gründe für die Eiszubereitung direkt vor Ort sind vielfältig. Zuallererst einmal sind wir sehr stolz auf unsere Arbeitsweise, wir lieben, was wir tun, und wir sind bestrebt, diesen Stolz und diese Liebe mit unseren Kunden zu teilen und sichtbar zu machen.

Zweitens wollen wir ein Vertrauensverhältnis zum Kunden schaffen. Indem wir unsere Arbeitsweise also transparent machen, möchten wir unseren Kunden eine klare und eindeutige Botschaft vermitteln: Sie können uns vertrauen. Wir verstehen uns auf das Handwerk des Eismachens, und wir arbeiten hart daran, ein echtes und natürliches Produkt zu schaffen.

Nach diesen grundsätzlichen Bemerkungen über die handwerkliche Eisproduktion, die Wichtigkeit der Zutaten sowie die Transparenz bei der Produktion, hier noch ein paar Worte zu den zwei grundsätzlichen Produktionsweisen in den Gelaterie, den Eisdielen.

Die Vorpasteurisierungsmethode

Unter Vorpasteurisierungsmethode versteht man eine sehr verbreitete Arbeitsweise, wie sie zum Beispiel auch meine Nonna und mein Onkel Ugo angewandt haben.

Kurz gesagt besteht diese Methode in der Herstellung einer weißen Basis mit Grundzutaten wie Milch, Sahne und Zucker.
Diese Basis wird in großen Mengen hergestellt und in speziellen Geräten – die als Pasteurisierer bezeichnet werden: Die Basis wird durch Erhitzen pasteurisiert, und nachdem sie auf 80 bis 85 °C gebracht wurde, schnell wieder abgekühlt und zur Reife gebracht. Das bedeutet, dass die Masse 24 Stunden ruht, in denen die Milchproteine reifen können, was die Voraussetzung für ein ausgezeichnetes Eis ist. Zur Herstellung des fertigen Speiseeis' werden dieser Basis dann die verschiedene Zutaten, die jeweils zu der speziellen Sorte gehören zugesetzt, wie etwa Pistazien, Schokolade, Haselnüsse usw.

Die richtige Basis ist das eigentliche Geheimnis des Eismachens. Oft braucht es lange, um eine perfekte Basis zu finden. Bei dieser Arbeitsmethode wird also die Basis einmal komplett pasteurisiert, bevor die verschiedenen Zutaten hinzugefügt und die Geschmacksrichtungen getrennt verrührt werden.

Natürlich kann eine Basis auch mit Ei oder Schokolade hergestellt und pasteurisiert werden. So haben dann die verschiedenen Sorten bereits verschiedene Geschmacksrichtungen, bevor sie in die Eismaschine gelangen. Es liegt auf der Hand, dass dies vor allem für Gelaterie sinnvoll ist, die größere Mengen von einer Sorte herstellen.

Die kombinierte Methode

Die kombinierte Methode unterscheidet sich insofern von der Vorpasteurisierungsmethode, als dass hier jede Geschmacksrichtung, jedes Eisrezept, für sich pasteurisiert und in der Eismaschine verarbeitet wird.

Dies ist die Methode, die ich verwende und die mir lieber ist, aber ich habe keinen Grund zu sagen, dass sie besser ist als die Vorpasteurisierungsmethode.

Was mir an dieser Methode gefällt, ist die Tatsache, dass wir mit der charakteristischen Zutat beginnen, ihre Eigenschaften und Besonderheiten berücksichtigen und das Rezept von hier aus entwickeln können.

Danach werden alle Zutaten zusammengemischt, pasteurisiert, und nach der Pasteurisierung erfolgt das Rühren in der Eismaschine und damit die Herstellung des Eises.

Der Grund, warum ich diese Arbeitsweise mag, ist, dass ich ein maßgeschneidertes Rezept aufgrund der Zutaten zusammenstellen kann. Dies ist auch mit der vorpasteurisierenden Methode möglich, aber für mich weniger bequem und weniger praktisch.

Eiscremes und Sorbets

Gelati e sorbetti

Zutatenregister

Grundzutaten werden auf S. 38 vorgestellt

Massimo Bertonasco ist 1965 in Rom geboren und in Ligurien aufgewachsen. Seit dem Jahr 1993 lebt er in den Niederlanden. Er war dort im Bereich Tourismus und im Bankenwesen tätig. Doch im Jahr 2016 gründete der dreifache Vater sein Unternehmen *Massimo Gelato* und am 18. Februar 2017 eröffnete er, der Tradition seiner Familie folgend, seine erste Eisdiele. Inzwischen ist bereits die vierte *Massimo-Gelato*-Eisdiele in Amsterdam in Betrieb.

Instagram: @massimogelatoamsterdam

Grazie

Voglio ringraziare Jessica Saffiotti per il suo incredibile supporto nella stesura di questo libro. Senza di lei, non sarei mai riuscito a scriverlo.
Un ringraziamento a Nicola Stuart per la sua pazienza e incredibile lavoro di traduzione e riordino dei miei testi, troppo caotici.
E Larissa il suo grande appoggio morale durante tutto il progetto.
Senza queste tre persone questo libro non avrebbe mai potuto nascere.

Danke

Ich möchte Jessica Saffiotti für ihre unglaubliche Unterstützung beim Schreiben dieses Buches danken. Ohne sie hätte ich es nie schreiben können.
Vielen Dank an Nicola Stuart für ihre Geduld und die unglaubliche Arbeit, meine chaotischen Texte zu übersetzen und neu zu ordnen.
Und ich danke Larissa für ihre große moralische Unterstützung während des gesamten Projekts.
Ohne diese drei Menschen wäre dieses Buch niemals geboren worden.

Larissa Bertonasco, geboren in Süddeutschland, hat Illustration an der HAW Hamburg studiert. Seit 2004 ist sie Mitherausgeberin und Autorin des Zeichnerinnenmagazins SPRING. Sie arbeitet als freie Illustratorin, Autorin und Dozentin zu vielfältigen Themen für verschiedenste Auftraggeber. Zuletzt hat sie für »Stimmen aus dem Exil« am Thalia Theater mit Lichtprojektionen experimentiert. Larissa Bertonasco lebt mit ihrer Familie in Hamburg und zeichnet in ihrem Ladenatelier »Fritzen« auf St. Pauli.

Instagram: @larissa.bertonasco
www.bertonasco.de

Im Verlagshaus Jacoby & Stuart sind folgende Bücher mit Illustrationen von Larissa Bertonasco erschienen:

MIX
Aus verantwortungs-
vollen Quellen
FSC® C023577
FSC www.fsc.org

Dieses Buch ist auf Papier gedruckt, für das nur Holz aus nachhaltiger Forstwirtschaft verwendet wurde.

Klimaneutral
Druckprodukt
ClimatePartner.com/13916-1911-1001

Dieses Buch wurde klimaneutral produziert. Wir unterstützen dafür das Waldschutzprojekt in Pará an der Amazonasmündung in Brasilien, wo der, auch für das Klima so wichtige, Regenwald die Lebensgrundlage der indigenen Bevölkerung ist. Mehr infos unter: www.climatepartner.com/1056

Ein verlagsneues Buch kostet in ganz Deutschland und Österreich jeweils dasselbe. Das liegt an der gesetzlichen Buchpreisbindung, die dafür sorgt, dass die kulturelle Vielfalt erhalten und für die Leser:innen bezahlbar bleibt. Also: Egal ob im Internet, in der Großbuchhandlung, beim lokalen Buchhandel, im Dorf oder in der Stadt – überall bekommen Sie Ihre verlagsneuen Bücher zum selben Preis.

Aus dem Italienischen und dem Englischen von Nicola T Stuart

Druck und Bindung: Polygraf Print
Printed in Slovakia
ISBN 978-3-96428-087-9
www.jacobystuart.de

Gelato
Gelato
Gelato
Gelato
Gelato

Gelato
Gelato
Gelato
Gelato